# 인생은 플러스(+)다

# 인생은 플러스(+)다

이광수 지음

좋은땅

# 꼭 하고 싶은 이야기

인생을 한 문장으로 표현하라고 하면, 아마 가장 많은 대답이 "인생은 어렵다."일 것이다. 맞는 말이라고 생각한다. 인생은 변화가 많고, 다양하고, 모르는 것이 많고, 예측이 어렵다. 인생을 풀어야 할 문제라고 보면 어려운 문제인 셈이다. 그러다 보니 "인생에는 답이 없다." 또는 "정답이 없다."고 하는 사람들이 많다. 어떤 사람은 "정답은 없지만, 모범 답안은 있다."고 재미있게 표현한다. 나는 인생이 어렵다는 데에 동의한다. 하지만 인생에는 답이 많고, 옳은 답의 길은 넓다고 느끼게 되었다. "인생의 답은 많고, 옳은 답의 길은 넓다." 이 믿음이 내가 이 책을 생각하기 시작한 첫째 동기다.

우리가 사는 세계는 어쩔 수 없이 상당히 경쟁의 세계다. 경쟁의 세계를 대표하는 것이 스포츠이고 게임일 것이다. 어릴 때 장기 고수로부터 들은 이야기가 있다. "동네에서 저 사람 장기 잘 둔다고 하면 7급 정도의 실력이다."라는 말이다. 프로의 기준에서 보면, 7급은 아마추어 중급 초기 단계의 수준이다. 다르게 표현하면, 어느 분야에서건 적어도 중·고급자가 되려면 체계적인 노력, 즉 공부를 하여야 한다는 의미다. 경쟁의 사회에서 누구나 일류의 전문가급에 도달하기를 바라지만, 그럴 수는 없다. 그럴 필요도 없다. 내 직업 분야에서 전문가(프로)가 되고, 부수적인 업무 분야나 취미에서는 중·고급자 정도의 일반인(아마추어)이면 좋을 것이다. 인생에서는? 중·고급자를 목표로 해야 하지 않을까? 그러려면 인생의 공부를 해야 하는데, 쉽고도 좋은 재료는 없을까? 이 의문이 내가 이 책을 생각하기 시작한 둘째 동기다.

내 생각 범위에서 대부분의 철학 서적은 너무 어렵다. 그야말로 전문가를 위한 책들뿐인 것 같다. 가뜩이나 어려운 인생을 더 어렵게 만드는 것이 아닌가 하는 생각이 든다. 인생의 쉬운 면이 인생의 답이 많고, 옳은 답의 길은 넓다는 사실이라면, 인생이 어려운 이유 중의 하나는 스포츠나 게임에 비해 인생은 한 번뿐이라는 사실이다. 조그만 문제에 대한 해결 기회는 많을 수 있지만, 인생 자체는 한 번뿐이다. 결론적으로 인생은 사전에 공부를 하여야 한다. 가급적 때에 맞춰 공부해야만 한다. 늦더라도 시작하면 안 한 것보다는 낫겠지만, 공부도 역시 적시성(timing)이 중요하다. 또 인생에 문제가 발생한다고 보면, 인생에 대한 근본적이고 기본적인 대책을 먼저 검토해 보아야 할 것이다. 그런 의미에서 이 책이 "삶의 기본 안내서"가 되었으면 한다.

"그러면 당신들은 진리를 알게 될 것이고 진리는 당신들을 자유롭게 할 것입니다." 성경에 나오는 말이다. 이 성경 구절을 나는 "아는 만큼 보인다."로 쉽게 해석해 본다. 모든 부문에서 공부하여야 하듯이 인생도 공부하여야 한다. 그래서 독자들이 인생을 더 많이 알고, 인생의 기회를 더 많

　　　　　　　　　　　　　　　　　　　　인생은 플러스(+)다

이 보고, 더 행복해지기를 바란다.

고난이나 불행은 행복을 만드는 시련이라야 한다. 불행보다는 행복이 훨씬 더 많은 것이 인생이다. 행복은 마음먹기에 따라 만들어진다. 이 책의 타이틀이며 제7부 인생의 즐거움 (행복)의 소제목인 "인생은 플러스 (+)다."가 특히 독자에게 공감을 사고, 또 도움이 되기를 바란다.

내 앞에 넓고 다양한 길이 있다. 어떻게 어느 길을 선택할 것인가?
많이 생각하자, 조금만 열심히 공부하자, 바른길을 찾고 향하자. 열심히 뚜벅뚜벅 자신 있게 즐겁게 나의 길을 가자. 이것이 이 책이 제시하는 인생의 답이다.

2026년 4월
정음 이 광 수

# 목 차

머리말 | 꼭 하고 싶은 이야기    5

제1부

**인생의 본질**

1. 생존의 인생    15

2. 욕망의 인생    18

3. 진리의 인생    20

4. 사회와 인생의 관계    24

5. 자연과 인생의 관계    28

제2부

**인생의 주체
(나는 누구인가?)**

1. 역사의 나    37

2. 현재의 나    42

3. 미래의 나    48

4. 인격과 인생관    53

제3부

**인생의 환경 1
(사회)**

1. 사회의 본질, 목적/목표 및 구성 요소    58

2. 사회 문제    66

3. 사회생활    73

4. 사회생활의 원리    80

| 제4부 | 1. 자연의 구성 | 88 |
| 인생의 환경 2 | 2. 자연과 인간 | 94 |
| (자연) | 3. 자연의 법칙 | 99 |
| | 4. 자연과 인간의 교류/소통 | 103 |

| 제5부 | 1. 인생의 목적 | 114 |
| 인생의 목적/목표 | 2. 인생의 목표 | 116 |
| | 3. 인생 목표의 관리 | 124 |

| 제6부 | 1. 괴로움(고-苦)의 종류 | 132 |
| 인생의 문제 | 2. 불행, 괴로움(고-苦)의 분석 | 137 |
| (불행) | 3. 불행의 원인과 분석 | 140 |
| | 4. 고통의 극복/해결 | 149 |

| 제7부 | 1. 행복의 종류(행복의 근원) | 162 |
| 인생의 즐거움 | 2. 즐거움의 발견/안정/확대 | 171 |
| (행복) | 3. 인생은 플러스(+)다 | 174 |

| 제8부 | 1. 문제 해결 일반론 | 182 |
| **인생 문제에 대응** | 2. 문제 해결 실행론 | 186 |

| 제9부 | 1. 인생의 5대 주제 | 195 |
| **인생의 길** | 2. 바른 생활 | 224 |
| **(어떻게 살 것인가?)** | 3. 자신의 삶을 산다(나다운 삶) | 236 |

말미에 | 더하고 싶은 이야기     244

〈부록 1〉 우주의 생성 이론과 종교     247

〈부록 2〉 십율 십계 및 해설     255

〈부록 3〉 운명/운/점     267

〈부록 4〉 감동     271

〈부록 5〉 인용된 속담, 명언 및 명구     278

제1부

인생의 본질

인생은 인간이 세상에서 살아가는 과정이다. 좀 더 자세하게 기술하면, 사람이 사람들과 교류하고 협력하여 환경에 적응하며 살아가는 과정이다. 즉, 인생의 요소는 ① 인간(개인), ② 사회, ③ 자연이다. 인생의 요소는 이 세 가지이다. 그중에서 인생의 주체가 인간(개인)이고 인생의 환경(배경)이 사회와 자연이다.

따라서 인생의 본질을 알려면, 주체인 인간과 환경인 사회와 자연을 알아야 한다.

인생의 주체인 인간의 본능(본성)은 생존의 본능, 욕망의 본능, 진리 추구의 본능 3가지로 크게 나누어 볼 수 있다.
- 제1 본능: 생존 번성의 본능
- 제2 본능: 비교 욕망의 본능
- 제3 본능: 진리 추구의 본능

생존 번성의 본능은 모든 동물에게도 있으므로, 쉽게 동물적 본능이라고도 한다. 욕망의 본능은 주로 인간에게만 있으므로 인간적 본능이라고 한다. 진리 추구의 본능은 고귀하고 특이한 본능으로 초월적 본능 또는 신성 본능이라고도 한다. 인간의 본능을 기억하기 쉽게 다시 표현해 본다.
① 동물적 본능(생존 번성의 본능)
② 인간적 본능(비교 욕망의 본능)
③ 초월적 본능(진리 추구의 본능)

인간의 본능은 다양하지만, 크게 위와 같이 3가지로 분류한다. 인간 본능의 원인이나 유래는 추후에 제2부 나는 누구인가? 및 제4부 자연에서 조금 언급될 것이다. 왜냐하면, 이 부분을 너무 자세히 다루는 일은 이 책의 본연의 임무를 흐리게 할 것이기 때문이다.

인생의 본질을 파악하기 위해, 먼저 인간의 본능을 알아보고 다음에 인간과 사회의 관계 및 인간과 자연의 관계를 생각해 본다.
① 생존의 인생
② 욕망의 인생
③ 진리의 인생
④ 사회와 인생의 관계
⑤ 자연과 인생의 관계

인생의 모든 일과 문제와 사건 및 인간의 모든 생각, 말과 행동의 원인 및 결과는 위의 다섯 가지 범위를 벗어나지 않으며, 이 다섯 가지 내용을 제대로 완벽히 안다면(물론 완벽히 안다는 것은 불가능하겠지만) 인생의 모든 것을 빠뜨림 없이 포괄적으로 알 수 있을 것이다.

〈생각해 볼 점〉

1) 3가지 본능의 원천
본능의 원천은 생물의 원천과 같다고 생각된다. 즉 창조설과 진화론이 있을 수 있다. 하지만, 본능이 향후로도 변할 수 있다고 생각되어 진화론에 더 끌리게 된다. 다시 말하면, 인간의 본능은 인간의 오랜 경험에 의해

축적된 능력으로 추정된다.

## 2) 3가지 본능의 우선순위

인생이 어려운 이유 중의 하나는 여러 어려움(문제)이 동시에 또는 하나의 문제가 해결되기 전에 다른 문제가 또 발생하기 때문이다. 이때에 문제를 동시에 해결할 수 없으면 우선순위를 정하여 문제를 해결하게 된다. (제8부 인생 문제에 대응 참조) 그런데 그 우선순위를 정함이 쉽지 않은 경우가 많다. 그래서 가치관/철학/인생관이 중요하고 판단력과 조언자(멘토)가 필요하게 된다. 대부분의 3가지 본능의 우선순위는 인생의 중요한 문제이고, 그 결정이 인생의 진로를 크게 바꾸는 변환점이 된다. 그래서 이 문제는 많은 문학이나 소설의 주제가 된다. 예를 들면, 가난한 예술가는 진리를 추구하는 작품과 상업성을 우선한 작품 사이에서 고민하게 될 것이다. 성공을 추구하는 사업가는 진실한 사랑과 냉혹한 현실 사이에서 고민하게 되기도 한다. 동물이라면 제1 본능에 우선순위를 두겠지만, 인간이기 때문에 제2, 제3 본능에 우선순위를 두는 경우도 많다.

인생은 플러스(+)다

# 1. 생존의 인생

생존 본능은 보통 의식주(衣食住)로 요약 표현되기도 하고, 5감(시각, 청각, 촉각, 후각, 미각) 또는 6감에 의한 정보 수집과 그 정보에 대응하는 인간의 반응(생각, 말, 행동)으로 설명할 수 있지만, 다음 4가지로 좀 더 쉽게 잘 요약 설명할 수 있다.

## 1) 식욕과 일

다른 생명체와 마찬가지로 인간은 음식을 섭취하여야 생명을 유지한다. 식욕은 본능으로 적당한 때에 인간의 의지와 관계없이도 발생한다. 식욕은 필요하고 정당하며 가장 존중되어야 한다.

식욕이 생명 유지에 필수 요소이므로 몸에 좋은 음식을 적당한 때에 적절히 섭취 시 인간은 행복감을 느끼게 되어 있다.

그러나 무엇을 먹을 것인가, 과식, 금식을 포함하여 얼마나 먹을 것인가, 언제 어떻게 먹을 것인가, 음식을 저장하거나 쌓아 두는 일은 중요하기는 하지만 식욕 본능과는 다른 별도의 문제로 생각하여 여기서는 취급하지 않는다.

식욕은 먹이 활동을 유발한다. 먹이 활동은 여러 가지로 구분할 수 있지만, 현대에는 뭉뚱그려 일이라고 말할 수 있다. (일은 먹이 활동 이상을 의미하지만, 여기서는 편의상 이렇게 사용한다.)

"금강산도 식후경" "수염이 석 자라도 먹어야 양반"이란 말은 먹이 활동일이 중요하고 무엇보다 우선함을 부드럽고 멋있게 표현한 것이다.

## 2) 성욕과 구애

성욕은 인간의 종족 보존을 위한 본능으로, 식욕과 마찬가지로 적당한 때에 인간의 의지와 관계없이도 발생한다. 따라서, 성욕은 필요하고 정당하며 어느 정도(종족 보존과 진실한 사랑의 범위에서) 존중되어야 한다.

성욕은 구애 활동과 성행위를 유발한다. 적절한 상대와 적당한 때의 적절한 성관계는 인간에게 행복감과 희열을 느끼게 한다.

그러나 과욕, 금욕을 포함하여 누구와, 얼마나 자주, 언제 어떻게 관계할 것인가 등은 본능 외적인 별개의 문제로 생각하여 여기서는 취급하지 않는다. 다만 성욕은 나와 동등한 인간과의 관계이므로 잘 절제되어야 한다. 특히, 성욕은 식욕에 비해 개인 간의 편차가 크고, 나이나 건강에 따라서도 그 강도의 편차가 크다. 때때로 성욕은 식욕보다 강하게 나타나, 인생의 중요한 문제나 요소로 작용하므로 중요하고 조심스럽게 다루어져야 한다. 중요한 만큼 많은 생각과 공부와 노력과 주의도 요한다.

## 3) 수면과 휴식

인간은 건강과 활동을 위해 적당한 수면(잠)을 필요로 한다. 수면은 시간적으로 인생의 1/4 이상을 차지하여 양적으로 중요하고, 좋은 수면은 질적인 면에서 건강과 행복 및 수명 연장에 크게 기여한다.

인간은 건강과 활동과 수명 연장을 위해 적당한 휴식을 필요로 한다. 특히 좋은 휴식은 개인의 행복에 크게 기여한다.

식사, 취미활동, 좋아하는 일은 휴식을 겸한다.

## 4) 자기 보호

인간의 생존 본능으로 식욕 성욕 수면욕 외에 자기 보호 본능이 있다. 추위나 더위 등의 자연환경으로부터의 보호와 다른 생명체, 적 또는 자연의 위협으로부터의 자기 보호 본능을 말한다. 자기 보호 본능도 당연히 필요하고 정당하며 존중되어야 한다.

이 본능도 충족 시, 평안함과 행복감을 느끼게 된다.

그러나 이 본능도 상대가 있는 경우에 과도한 행사는 자제되어야 한다.

# 2. 욕망의 인생

　인간은 다른 동물에 비해 뛰어난 비교 능력이 있다. 자주 타인과 서로 다른 것과, 또는 전과(옛날과) 비교를 한다. 그러므로 더 좋고, 더 많고, 더 풍족하기를 원한다. 더 낫고, 더 멋지고, 더 즐겁고, 더 효율적인 것을 추구한다.

　성경에 다음과 같은 구절이 있다.

　「그러자 뱀이 여자에게 말하였다. "너희는 결코 죽지 않는다. 너희가 그것을 먹는 날, 너희 눈이 열려 하느님처럼 되어서 선과 악을 알게 될 줄을 하느님께서 아시고 그렇게 말씀하신 것이다." 여자가 쳐다보니 그 나무 열매는 먹음직하고 소담스러워 보였다. 그뿐만 아니라 그것은 슬기롭게 해 줄 것처럼 탐스러웠다. 그래서 여자가 열매 하나를 따서 먹고 자기와 함께 있는 남편에게도 주자, 그도 그것을 먹었다.」

　성경에서 말한 과일이 선악과인데, 이 과일을 먹고 인간은 똑똑해지고 악해졌다고 성경은 말한다. 이는 인간이 비교 능력을 가짐으로써 똑똑해지기도 했지만, 과도한 욕망, 즉 과욕/탐욕으로 악해질 수 있음을 경고한 것이기도 하다.

　아무튼 인간은 비교 능력이 있고, 이 비교 능력은 욕망이 되고, 욕망의 본능이 되었다. 욕망의 삶은 필요한 것이다. 단지 과욕/탐욕을 경계하여

　　　　　　　　　　　　　　　　인생은 플러스(+)다

야 한다. 이것이 선악의 경계선이다. 그래서 성경에서는 선악과라고 했을 것이다.

혹자는 인간의 소유욕, 권력욕, 명예욕을 인간 욕망의 대표적인 가치로 보는데, 나름 의미가 있으나, 근원적이지는 못하다. 즉, 아름다움의 과도한 추구인 미의 탐닉과 즐거움의 과도한 추구인 쾌락의 탐욕 등도 욕망의 본능에서 비롯된 것이다. 생존 본능의 일부인 성욕을 쾌락의 영역에서 사용하는 동물은 인간이 유일할 것이다. 아무튼 성욕도 욕망 본능의 일부임에 틀림없다.

소유욕, 권력욕, 명예욕, 성욕은 욕망의 부정적인 면을 주로 말하고 있으나, 욕망의 본능은 창조 욕심, 지혜 지식에 대한 욕심, 좀 더 발전하려는 향상의 욕심 등을 포함하는 좀 더 넓고 밝은 의미를 포함하여 다분히 긍정적인 면이 많다.

인간은 욕망의 본능을 가지고 욕망을 추구하며 산다.

# 3. 진리의 인생

　인간은 동물적 또는 인간적 능력을 뛰어넘는 초월적 본능이 있어, 경험해 보지 못했거나 인식하기 힘든 개념을 가진다. 예를 들어 영원/무한의 개념이라든지, 우주는 어떻게 만들어졌고 죽음의 이후는 어떠한 것인가라는 의문을 갖기도 한다.

　진리는 무엇이고, 정의가 무엇이며, 선(善)은 무엇인가 하는 질문은 조금은 경험해 보기도 하고 인식도 하겠지만, 인간의 초월적 본능을 대표하는 질문이다. 자유를 향유하며 평화를 즐기고 행복한 미래의 인생을 꿈꾼다. 미래를 넘어 영생과 전지전능한 신을 믿고 숭상하는 종교도 인간의 초월적 본능의 산물이다. 또 인간은 끊임없이 아름다움(美)을 추구한다.

　생존의 본능이나 욕망의 본능에 반(反)하거나 관련이 없는 사랑과 희생을 베푸는 일은 진리의 인생을 잘 설명한다. 동물의 행동에서도 보은의 행위를 볼 수 있지만, 인간의 광범위한 행위와 빈도에는 비교가 되지 않는다. 생존의 인생이나 욕망의 인생이 나를 위한 이기적인 인간의 본성이라면, 진리의 인생은 나를 위해서이기도 하지만 타인을 위한 이타적인 인간의 본능이라고 할 수 있다.

　진리의 인생을 기억하고 이해하기 쉽게 3가지로 구분한다.

　① 진리의 추구

② 선의 추구

③ 미의 추구

더 쉽게는 진선미(眞善美) 세 자로 잘 알려져 있고 기억된다.

## 1) 진리의 추구

누구나 그러하지는 않겠지만, 많은 사람들은 우주는 언제 어떻게 생겨 났는지, 어떻게 변화할 것이며, 우주의 종국은 어떻게 될지 의문을 가져 본다. 우주의 끝은 어디인지 어떻게 생겼을까 생각해 본다. 인생의 본질 은 무엇이며, 인생의 끝 즉 사후에는 어떻게 되는가 숙고해 본다.

무엇이 정의(正義)이며, 무엇이 진정한 선(善)인가, 자유와 평등의 진정 한 가치는 무엇이며, 어떻게 사회에 적용되어야 하는가? 등을 숙고해 보 는 것이 인간이다.

하늘의 지혜를 구하고, 사랑과 자유와 평화로 모든 인류의 끝없는 행복 을 추구한다. 일부의 자유와 사랑은 타인에 해가 될 수도 있으므로, 항상 자신과 주위를 살피는 겸손이 또 한 진리이며 인간의 미덕이다.

무한의 개념과 무(無) 또는 영(零)의 개념을 이해하는 동물은 인간뿐일 것이다. 우주를 우리의 생각 안에 품고, 빛보다 빠른 생각을 우주의 끝이 나, 참새의 머릿속으로 보내기도 한다. 태양과 화성을 탐구하고, 인체의 구석구석을 연구한다.

"진리 추구의 시초는 호기심이지만, 종국은 창조일 것이다."

"진리의 으뜸은 자유, 평화, 사랑, 겸손, 정의, 아름다움, 변화다."

## 2) 선의 추구

선의 추구는 가장 우수한 인간의 본능이다. 선의 추구는 인간이 이기주의자이기도 하지만 이타주의자임을 보여 준다.

선의 대표적 개념은 사랑이다. 사랑의 대상은 타인뿐 아니라 다른 생물, 자연 및 우주를 포함한다. 사랑은 헌신, 희생, 봉사 및 고전의 선(善)과 자비(慈悲), 덕(德)과 인(仁)을 아우르는 개념이라고 할 수 있다.

사랑은 지혜와 용서를 필요로 하기도 한다. 사랑은 최선의 개념이기는 하지만, 성적인 사랑과 구분이 되어 이해하여야만 한다.

성경에 사랑에 대한 아름다운 구절이 있어 인용해 둔다.

「내가 인간의 여러 언어와 천사의 언어로 말한다 하여도 나에게 사랑이 없으면 나는 요란한 징이나 소란한 꽹과리에 지나지 않습니다. 내가 예언하는 능력이 있고 모든 신비와 모든 지식을 깨닫고 산을 옮길 수 있는 큰 믿음이 있다 하여도 나에게 사랑이 없으면 나는 아무것도 아닙니다. 내가 모든 재산을 나누어 주고 내 몸까지 자랑스레 넘겨준다 하여도 나에게 사랑이 없으면 나에게는 아무 소용이 없습니다.

사랑은 참고 기다립니다. 사랑은 친절합니다. 사랑은 시기하지 않고 뽐내지 않으며 교만하지 않습니다. 사랑은 무례하지 않고 자기 이익을 추구하지 않으며 성을 내지 않고 앙심을 품지 않습니다. 사랑은 불의에 기뻐하지 않고 진실을 두고 함께 기뻐합니다. 사랑은 모든 것을 덮어 주고 모든 것을 믿으며 모든 것을 바라고 모든 것을 견디어 냅니다.

사랑은 언제까지나 스러지지 않습니다. 예언도 없어지고 신령한 언어도 그치고 지식도 없어집니다.」

인생은 플러스(+)다

## 3) 미의 추구

모든 사람이 모든 아름다움을 추구하지는 않겠지만, 대부분의 사람들은 미를 추구하고 좋아한다. 그림, 음악, 건축/조형물/조각 등의 예술 분야에서 아름다움을 찾아내고 즐기고 보존하고자 한다. 시, 문학, 영상 예술, 무용을 즐기고, 자연의 아름다움을 감상하고 즐기며, 음식과 생활 여행에서 문화를 즐기는 것은 단순한 생존의 의미만은 아닐 것이다. 스포츠, 게임 등 각종 취미를 가지고 즐기는 것도 미의 추구라고 볼 수 있다. 최근에는 컴퓨터, 소프트웨어, 인공지능(AI: Artficial Intelligence)에 의한 예술도 만들어지고 있다. 미는 평화의 단조로움을 보완하여 변화와 조화를 추구하고 인간의 행복을 완성한다.

장자는 무위 즉 자연스러운 삶을 권하면서 소요유(逍遙遊: 소풍 가듯, 놀듯, 유람하듯)를 강조했다. 소요유는 생존 본능의 일부인 수면 휴식의 일부라고 볼 수도 있지만 사색의 시간이 될 수 있다는 의미에서 욕망 본능의 중요한 일부분이라고도 생각된다.

# 4. 사회와 인생의 관계

제1부 인생의 본질에서는 사회의 본질과 인간과의 관계 중 중요한 부분에 대해서만 기술하고, 사회의 자세한 특성에 대해서는 제3부 인생의 환경 1 (사회)에서 알아본다.

## 1) 사회의 본질

원시 사회에서 사냥하는 원시인을 상상해 보자. 원시인이지만 그들은 사냥에 많은 어려움과 위험이 따른다는 현실을 바로 알아차린다. 인생은 자주 범선을 타고 바다를 여행하는 항해에 비유된다. 현대생활이 그만큼 복잡하고 어렵고 큰 변화가 많기 때문일 것이다.

사회생활의 본질은 혼자보다는 함께 공동으로 협력하며 삶으로써 사회의 어려움을 이겨 내고, 효과적으로 사회의 발전을 이루고, 사회의 모든 구성원이 평화롭고 행복한 생활을 하자는 것이다. 간단히 표현하면, 사회의 본질은 구성원의 행복과 평화를 위해 만들어진 구성원의 조직이다. 모든 사회는 인간이 인위적으로 조직하지만, 단 하나의 예외인 가정은 자연적으로 구성된다.

## 2) 사회적 동물

인간은 태어나면서 가정이라는 가장 단순한 사회를 자연적으로 이룬다. 어쩌면 이 기초적인 사회가 모든 사회의 전형이고 모범일 것이다. 왜냐하면 어미는 지극한 모성애로 아이를 보살피고, 유아는 무한한 믿음으로 어미를 신뢰하며, 가족은 서로 도우며 생활함으로써 가족 모두가 행복하고 평화롭게 효과적으로 생활을 영위할 수 있기 때문이다.

그런데, 모든 가정이 평화롭고 행복하지는 않다. 또 평화롭고 행복한 가정이라도 시간이 흐르며 변할 수 있다. 사회를 근본적으로 생각해 보고 항상 검토해 볼 필요가 있다.

"인간은 사회적 동물이다."라고 설파한 사람은 아리스토텔레스(기원전 4세기)라고 한다. 인간은 본능적으로 가족을 이루어 생활하며, 또 가족이 아니더라도 서로 도우며 생활하는 것이 효율적이고 안전하다는 것을 일찍이 깨달아 본능적 이성적으로 공동으로 사회를 이루어 생활하게 된다. 인간의 제1 본능인 생존 본능과 제2 본능인 욕망의 본능과 제3 본능인 진리 추구의 본능이 태생적 본능이라면, 인간의 필요에 의해 후생적으로 갖추어진 이 제4 본능인 사회적 본능은 후생적 본능이라고 할 수 있다.

아이가 자라면서 부모는 늙어 아이를 더 이상 보살필 능력이 떨어진다. 이때쯤이면 아이는 자의가 아니더라도 독립하여 가정이 아닌 다른 큰 사회의 일원이 되어 사회를 배우고 적응하며 살아가야 한다. 현대에는 사회의 크기도 커졌고 한 사회의 일원이 아니라 여러 사회의 일원이 되어 생활하게 됨으로써 사회의 중요성은 더욱 커졌고 사회의 복잡함과 어려움도 가중되고 있다. 다르게 표현하면, 인간은 사회의 생성, 발달, 변형, 소멸의 과정에 자의적으로 또는 본의 아니게(타율적으로) 가담하여 여러 사회의 일원(구성원)이 되어 살아간다.

그런데, 인간만이 사회를 이루며 생활하지는 않는다. 개미와 꿀벌의 사회생활은 어쩌면 인간보다 모범적이다. 어쩌면 짝짓기를 하고 종을 유지하는 모든 생물이 사회생활을 한다고 할 수도 있다. 과연 인간은 효율적이고 훌륭하고 모범적인 사회생활을 하고 있는가? 제3부에서 사회에 대해 좀 더 연구해 본다.

인간이 사회적 동물이라는 말은 인간은 사회생활을 피할 수 없다는 뜻이다. 그렇긴 하지만, 개인은 최초에 가정이라는 사회의 구성원이 되고, 성인이 되어감에 따라 많은 사회에 참여하게 된다. 역으로 더 나이가 들어 노년에 달하면서 참여 사회의 수는 감소하게 된다. 마지막에는 혼자 죽는다. 이는 중요한 현실적 현상이고 사실이며, 개인으로서 사회에 대하여 중요하게 고려해야 할 사항 중의 하나다.

## 3) 대등한 관계

구성원 개인과 사회의 관계는 기본적으로 대등한 관계다. 사회는 구성원인 각 개인에 의하여, 개인을 위하여 만들어진다. 사회는 구성원을 위하여 기능하여야 한다. 동시에 구성원은 사회의 목적 달성을 위해 맡은 역할을 잘 수행하여야 한다.

구성원과 사회가 기본적으로 대등한 관계임에도 불구하고, 많은 구성원은 대등하지 않고 불평등한 대우를 받는다고 자주 느낄 수 있다. 이 문제는 상당히 중요한 문제로 구성원과 사회 조직의 입장에서 많은 고심과

인생은 플러스(+)다

검토가 필요한 과제다. 역시 제3부에서 약간 검토해 볼 것이다.

## 4) 미지의 사회

사회에는 다수의 구성원이 있다. 또한 참여하는 사회의 수도 많다. 그 많은 구성원들이 각자 다른 특성과 능력을 가지고 있다. 구성원 각자가 사회 및 자연 현상에 다르게 반응한다. 더군다나 내가 직접 관여하지 않는 사회도 나에게 영향을 준다. 사회의 구성원과 나의 관계를 '인간관계'라고 하며 어렵고 중요한 인생의 한 과제가 된다.

수많은 사회의 목적, 구성, 규칙, 현상, 변화 등을 모두 이해하고 알거나 평가할 수 있다면, 나의 인생살이에 도움이 되겠지만 이는 거의 불가능하다. 살아가면서 '사회 공부'를 열심히 하는 것도 중요한 인생의 한 과제이다.

따라서 사회에는 내가 예상하지 못하는 상황이 발생하고 문제가 발생하기도 하며 재미있는 일이 일어나기도 한다. 전혀 예상하지 못한 사람이 나를 도와주기도 하고, 해하기도 하며, 기적 같은 일이 일어나기도 한다. 이를 '미지의 사회'라고 한다. 미지의 사회가 나에게 의미 있는 커다란 영향을 주기도 한다. 이 현상 즉 미지의 사회는 너무도 이해하기 어렵고 클 수 있기 때문에 '운 또는 운명'이라는 단어가 사용되며, 운명론자가 있기도 하다. (부록 3 참조)

# 5. 자연과 인생의 관계

제1부 인생의 본질에서는 자연과 인간과의 관계 중 중요한 부분에 대해서만 기술하고, 자연의 자세한 특성에 대해서는 제4부 인생의 환경 2 (자연)에서 알아본다.

## 1) 자연과 인간의 대비

자연은 인간이 상상조차 하지 못할 만큼 크며, 인간에 비교할 수 없는 무한할 정도의 힘을 가지고 있다. 물리적으로 크고 힘(에너지)이 셀 뿐만이 아니라, 인류가 자연에 대하여 알고 있는 것보다 모르는 것이 너무 많다. 예를 들면 인류는 아직 우주가 언제, 어떻게 만들어졌는지 모른다. 그 크기도 물론 모르고 어떻게 구성되었는지도 모른다. 파동의 일종인 전파는 왜 매질이 없이도 전해지는지, 중력은 왜 어떻게 존재하는지 모른다. 미립자의 구성도 완전히 알지 못한다. 당연히 앞으로 자연은 어떻게 변할 것인지 모른다. 현재에도 자연은 인류의 몸에 작용을 하고 있고 영향을 주고 있다. 예를 들면, 우리의 혈액이 해와 달의 인력에 의해 영향을 받을 것을 어렴풋이 알지만 정확히는 모른다. 해와 달만 있는 것이 아니지 않는가? 또 전자파가 우리 몸에 미치는 영향이 어떤지 아는가? 현대의 과학이 발전했다고는 하지만 아주 미미할 뿐이다. 우주와 인간의 대비는 지구와 티끌보다도 못하다. 그렇더라도 자연에 대한 좀 더 깊이 있는 설명을 제4부에서 다룬다.

## 2) 대자연의 피조물

인간은 대자연에 의해 만들어진 피조물이다. 인간은 대자연에 의해 만들어진 피조물일뿐더러 인간은 자연 속에서 자연에 의존하여 살고 있다. 자연은 인류에게 부모와 같다. 사실 제1부에서 시작한 인생의 본질 중 인간의 본능도 대자연이 인간에 부여한 것이다.

## 3) 종속적 관계

창조자인 대자연과 피조물인 인간의 관계는 기본적으로 당연히 종속 관계다. (진화론에 의하더라도 인간은 자연에서 만들어진 피조물이다. 단지 시간이 오래 걸렸음이 창조론과 다를 뿐이다.)

쉽게 설명하여 대자연이 인간의 부모와 같다고 하지만, 부모보다 훨씬 더 위대하다. 왜냐하면 부모는 결국은 우리와 같은 인간이고 내가 살아 있는 동안의 한시적인 부모이지만, 대자연은 아마 영원히 존재한다고 해야 할 것이다. 부모가 때때로 엄격하고 자애롭다면, 대자연은 훨씬 더 엄격하고 무섭기도 하며 훨씬 더 자비롭고 무한히 무조건 베풀기도 한다.

자연은 인간의 삶에 필요한 모든 것을 공급해 준다. 그러면서도 자연은 인간에게 아무것도 원하지 않는 것 같다.

인간은 당연히 자연의 막강한 힘에서 때때로 불안과 두려움을 느낀다.

## 4) 미지의 자연

일부 과학자는 현재 우리가 알고 있는 물질은 5% 정도라고 말하고 나머지는 암흑물질이라고 하여 과학적으로 찾고 있다. 그런데 대자연에는 물질과 에너지만 있는 것이 아니다. 〈부록 1: 우주의 생성 이론과 종교〉에서 수학적 이론으로 도출한 영(靈)이 존재할 수 있다. 또 자연은 계속 변하고 있다.

대자연에는 인간이 모르는 것이 많은 만큼 자연의 위험도 모르는 것이 많다. 아는 위험은 틀리더라도 예측을 해 보지만 모르는 위험은 대처가 불가능하다.

대자연에서는 인간이 예상하지 못하는 상황이 발생하고 엄청난 재난이 발생하기도 한다. 재미있는 일, 행운, 횡재, 기적 같은 일이 발생하기도 한다. 이를 '미지의 자연'이라고 한다. 미지의 자연이 나에게 의미 있는 커다란 영향을 주기도 한다. 이 현상 즉 미지의 자연은 너무도 이해하기 어렵고 클 수 있기 때문에 '천운, 천재 또는 운명'이라고 불리기도 한다. 미지의 사회와 미지의 자연을 합하여 '운 또는 운명'이라고 하기도 한다. (어쩌면 미지의 나까지 포함하여)

결론적으로 인간은 자연을 끊임없이 연구하고 적응하고자 노력하겠지만, 자연을 부모처럼 그 이상으로 대하고 살아가는 일이 바른길일 것이다. 자연을 적으로 대하기보다는 부모로 친구로 대할 수 있도록 노력하는 것이 바른 자세일 것이다.

제2부

인생의 주체
(나는 누구인가?)

고대 그리스의 철학자 소크라테스는 기원전 400여 년 전에 "너 자신을 알라!"고 말하였다. 이는 지식/지혜의 중요성을 강조한 말이지만, 우리 자신을 아는 것이 중요함을 강조한 말이기도 하다.

기원전 6세기경 손무는 손자병법에서 "지피지기면 백전불태 (知彼知己百戰不殆)"라고 했다. 적을 알고 나를 알면 백번 싸워도 위험하지 않다는 의미다. 인생은 나와 환경의 조화이며 어느 면에서 경쟁인 만큼(소위 '생존경쟁'), 인생에서 나를 아는 일은 무엇보다 우선한다.

간략하게 요약하면, 다음의 4 명제를 나는 누구인가에 대한 결론으로 들 수 있다.

- 나는 내 인생의 주체다.
- 나는 존귀하게 태어났고 존귀하다.
- 나는 끊임없이 변한다.
- 나는 사회의 한 일원이며, 자연의 일부다.

## 1) 나는 내 인생의 주체다

인생에서 나 자신의 중요성을 옛 철학자와 옛 군사 책략가의 말을 빌려 강조했지만, 사실 인생에서 나 자신의 중요성을 특별히 강조할 필요는 없다. 왜냐하면 나는 내 인생의 주체이며, 주인공이며, 주인이기 때문이다. 나는 내 미래의 설계자이고 내 미래 결과의 책임자이다. 인생에서 주체가 인간이고 객체는 환경(사회+자연)이다. 하나의 인생에서, 주체가 객체보다 더 중요하다. 다만, 나 자신을 안다는 일이 특히 알되 잘 그리고 제대로 아는 일이 쉽지 않기 때문에 많은 사람들이 "너 자신을 알라."고 그리도 강

인생은 플러스(+)다

조했을 것이다.

　내 인생의 3요소 나, 사회, 자연 중, 내 인생 결과의 책임 정도를 표시하면, 나 > 사회 > 자연의 순위가 될 것이다. 그러한 이유는 다음과 같다. 사회, 자연의 영향에도 불구하고 최종 책임은 그에 대응하는 나 자신에 있기 때문이다. 사회에는 일부 악인이 있을 수 있어 나를 의도적으로 해하는 일이 있다. 자연은 의도적으로 나에게 해를 가하지는 않지만, 해를 끼칠 수 있다. "40대 이후의 내 얼굴은 내 책임이다."라는 말이 있다. 40대 이전은 환경(사회+자연) 영향에 핑계를 댈 수 있지만, 그 이후에는 전적으로 내 책임임을 인정해야 한다는 의미다.

## 2) 나는 존귀하게 태어났고 존귀하다

　불교의 창시자 석가모니는 "천상천하유아독존(天上天下唯我獨尊)"이라고 하는 유명한 선언을 하였다고 한다. "하늘 위와 하늘 아래에 오직 나 홀로 존엄하다."는 뜻이다. 이 말은 석가모니가 존엄하다고 직역하지만, 우리 각자가 존귀하게 태어났다고 해석할 수 있고 그렇게 해석되어야 옳을 것이다.

　성경에서는 "하느님의 형상대로 사람을 창조하였다." 하고, 예수는 하느님의 아들이고, 인류 모두는 그의 형제로 불리고 있다. 이 역시 인간이 하느님 또는 신만큼 존귀하다는 표현이며, 그러한 사실을 깨달아야 한다는 가르침인 것이다.

　내가 존귀하다는 것을 알면 나를 사랑하여야 한다. 진정으로 나를 사랑하는 일은 어떻게 하라는 것일까? 존귀한 것에 감사만 하여서 될까?

주의할 점은 내가 존귀하다는 말과 내가 이미 훌륭하다는 말과는 다르다는 것이다. 존귀한 나를 살아가면서 훌륭한 나로 만드는 일이 일생 동안 하여야 할 일일 것이다. 또 존귀함은 자존심이나 자부심과는 격조가 다르다는 것을 알아야 한다.

### 3) 나는 끊임없이 변한다

나 자신이 존귀하다는 사실을 깨닫는 일만큼 중요한 일은 "나는 태어나면서부터 살아 있는 동안 계속 변한다."는 사실이다. 유년, 초년, 청년기에는 오뉴월에 오이 자라듯 쑥쑥 자란다. 신체, 체력뿐 아니라, 지력, 지혜 등 종합 능력이 쑥쑥 자란다. 물론 저절로 자라지만은 않는다. 운동하고 공부하여 스스로 체력과 능력을 키운다. 중장년에는 자랄 뿐 아니라 변한다. 환경의 변화에 맞추어 특이한 체력, 지력과 능력을 키우고 변화한다. 노년이 되면 신체가 퇴화한다. 지력도 떨어진다. 거기에 맞추어 노년에도 변화한다.

나의 변화는 다음과 같이 구분할 수 있다.

- 수동적 변화: 자연적 성장 및 지적 변화, 자연적 퇴화 등
- 능동적 변화: 운동, 공부, 훈련, 적응, 능력 향상, 퇴화 지연 및 방지 등
- 육체적 변화: 성장, 능력 향상, 노화 등
- 정신적 변화: 성격 개조, 태도 변화, 철학적 인격적 성장 등

"세상의 모든 것은 변한다."는 자연의 제1 원리이고 진리이다. 자연이나 사회가 변화하는 것은 잘 아는데, 자신이 변하고 변화해야 한다는 사실은 잘 모르거나 간과하기 쉽다. 어차피 닥쳐올 변화, 능동적으로 대응하라!

능동적으로 변화하라! 항상 어떻게 변화해야 할지 생각하라!

어떻게 하면, 나 자신의 변화를 잘 알고, 잘 변화할 수 있을까?

## 4) 나는 사회의 한 일원이며, 자연의 일부다

우리는 어느 사회인가의 구성원이므로 그 사회에 대하여 잘 알 필요가 있으며, 그 사회에 조금이라도 기여할 수 있도록 노력할 필요가 있다. 마찬가지로 우리는 자연의 일부가 되며 역시 자연에 대하여 잘 알고, 자연과 조화를 이루도록 노력할 필요가 있다. 이 부분은 제3부 인생의 환경 1 (사회) 및 제4부 인생의 환경 2 (자연)을 참고하기 바란다.

### 〈생각해 볼 점〉

### 1) 불리한 조건이나 환경에도 불구하고, 나는 존귀한가?

태어날 때부터 신체적 정신적 능력이 부족한 경우가 있고, 불리한 환경에 처할 수도 있다. 그렇지만 우리는 많은 능력을 가지고 태어난다. 불리한 조건이나 환경을 극복할 수 있는 기초적인 능력을 이미 가지고 있다. 우리는 일부분에서 부족한 능력이더라도 전체적으로는 엄청난 능력을 가지고 태어난다. (다리를 다쳐서 못 걷게 되면, 걸을 수 있는 능력이 얼마나 큰 것인가를 알게 된다.)

가난, 허약, 실연, 실패 같은 시련이나 역경의 극복은 우리가 존귀하다는 사실을 보여 주기 위한 실례가 될 것이다.

## 2) 나의 변화의 목표는 무엇이며, 어디까지인가?

변화의 목표는 인생의 목표와 같다. (제5부 인생의 목적/목표 참고)

우리의 변화는 죽을 때까지 지속된다. 불교에서 말하는 '깨달은 자'가 되기 위해 죽을 때까지 변화하여 극락에 가도록 노력하여야 하고, 그리스도교에서 말하는 '구원받은 자'가 되어 천국에 가도록 변화하고 노력해야 한다. 참고로, 깨달은 자는 평안하고 고요한 사람이라고 하며, 구원받은 자는 하느님의 뜻을 알고 예수를 닮은 생활을 하는 자라고 한다.

# 1. 역사의 나

　우리가 과거인 역사를 공부하는 이유는 현재의 상황을 더욱 정확하게 파악하고 분석하여 미래를 예측하고 미래에 더욱 적절하게 대비하기 위함이다. 우리의 역사를 간략히나마 생각해 보고 우리의 역사와 현재를 점검해 보자.

　각 개인의 역사는 태어나기 전의 역사와 태어난 후 현재까지의 역사로 나누어 생각할 수 있다.

## 1) 태어나기 전의 역사

　우주의 역사는 차치하고, 인류의 역사만 100만 년쯤 된다고 한다. 100년 가까이 사는 인간으로서는 언 듯 파악하기 힘든 긴 기간이다. 그런데 이 기간이 중요한 이유는 현대를 사는 우리의 신체의 모든 세포에 유전체라고 하는 DNA가 있고, 이 DNA에 약 2만여 개의 유전자가 있는데, 이 유전자가 인류 역사의 기록이고 결과라는 사실 때문이다. 즉, 현재의 나를 잘 이해하고 미래의 나를 예측하기 위해서는 100만여 년 인류의 역사와 문화를 알아야 한다는 사실이다. 현대인의 능력으로 이 DNA 정보를 다 이해할 수는 없겠지만 확실하고 중요한 사실은 인간이 세상에 태어날 순간에 이 많은 정보와 능력을 가지고 태어난다는 것이다.

신체는 소화 계통, 호흡 계통, 혈액 순환계, 두뇌 신경계, 골 근육계, 성기능계와 감각, 임파계, 피부 등 여러 계통으로 이루어졌으며, 각 계통은 각종 장기, 기관으로 구성되고, 각 기관은 수많은 세포로 이루어졌다. 수효에 있어 DNA의 2만여 유전자를 넘어 많기도 하지만, 신체의 각 기관이 서로 긴밀히 협력하여 생명을 유지하고 각 기능을 발휘하고 있다는 사실은 경이로운 것이다.

신체의 계통이나 기관 중에서 하나가 잘못되어 불편이나 통증을 느끼면, 사람은 뒤늦게 그 부분이 중요함을 깨닫고 후회하는 우를 범한다. 하나의 예를 들어 설명해 보자. 인간의 가장 기초적인 활동 중 하나가 걷기일 것이다. 걷기에는 많은 신체 계통이 이용되지만 가장 중요한 것은 다리라는 신체다. 다리를 다쳐보거나 다리에 이상이 생기는 병에 걸려 걷기가 어렵게 되면 다리의 중요성을 알게 된다. 또 다리를 정상으로 움직이기 위해서는 소뇌의 명령을 기본으로 하여, 뼈대, 근육, 혈액 순환, 신경 계통, 피부 등이 정상적이라야 한다는 사실을 알게 된다. 나아가 정상적인 걷기 자체가 기적이라는 사실을 알게 된다. 걷기 하나가 기적이라면, 보기, 듣기, 말하기는 당연히 기적일 것이다. 인간의 활동 하나하나가 기적이면 인간의 본능을 활용하는 인생은 더 말할 필요가 없을 것이다.

발과 손을 움직여 이동하고 일하고, 눈과 귀와 입과 코와 피부 등을 통해 정보를 수집하고, 두뇌를 사용하여 생각하고, 오장육부 등의 신체를 사용하여 건강을 유지하고 자손을 유지하는 모든 기능과 능력을 우리는 가지고 태어난다. 더 광범위하게 표현하면, 우리는 태어날 때에 제1부 인생의 본질에서 말한 인간의 본능을 가지고 태어난다. 우리가 쉽게 이야기하

인생은 플러스(+)다

는 인간의 본능이 얼마나 대단한 것인지 나 자신이 얼마나 귀하고 경이로운 것인지 일찌감치 깨우치고 항상 인식하여야 한다.

부모 새의 날갯짓 몇 번의 교육만으로 새끼 새가 날 수 있는 것이 아니다.


"나를 포함한 모든 인간은 존귀하다."

우리는 항상 이 사실을 인식하고, 되뇌고, 생활화하며 인생을 살아가야 한다. 혹자는 동물도 그러한 능력을 가지고 있다고 주장할 것이다. 그렇다, 동물도 귀중한 생명이다. 그렇지만 동물은 제1 본능인 동물적 본능은 가지지만 인간의 제2 본능인 인간적 본능이나 제3 본능인 초월적인 본능에서는 인간과 비교할 바가 못 된다.

인류의 긴 역사도 있지만, 우리는 민족, 국가, 가문, 가족의 역사로부터도 많은 정보를 얻고, 현재 상황을 정확하게 파악하는 데 도움을 얻을 수 있다. 역사적인 사실에서 우리의 잘잘못을 알아내어 현재 우리의 장점과 단점을 알아볼 수 있다. 그 내용을 분석하고 평가하여 미래에 대비하고 더 좋은 미래를 설계하는 데 도움을 받을 수 있을 것이다. 한가지 예를 든다면, 우리 민족은 가난과 고난의 역사가 길어 어려움에 미리 대처하는 능력이 발달된 듯하다. 그런데 이러한 능력은 단점이 될 수도 있으니 너무 물질만능주의에 흐른다거나, 어려운 이웃을 돕는 여유는 없거나 부족할 수 있다.

가장 비근한 역사인 조부모, 부모, 가족으로부터도 많은 교훈과 정보를 얻을 수 있다. 예를 들면, 부모의 병력에서 내가 유의해야 할 건강상의 지혜를 얻기도 한다.

역사의 나를 이해하여 나의 장단점을 파악하고 미래의 대처에 도움을 받는 일은 필요하고 중요하다. 인간 두뇌 능력의 10% 남짓 밖에는 사용하고 있지 못하다는 이론이 있다. 우리는 스스로 생각하는 우리보다 훨씬 유능하고 훌륭하다. 그리고 그보다 더 중요하고 이로운 사실은 역시 "나는 존귀하다."는 사실이다. 인간의 제3 본능을 성공적으로 활용하고, 사회에 좋은 역할을 담당하는 첫 번째 단계는 "나는 존귀하다."는 사실을 인식하는 것이다.

## 2) 태어난 후의 역사

태어나서 우리는 유아기, 청소년기, 중장년기를 거쳐 노년기에 이른다. 태어난 후의 역사는 우리의 현재 위치에 따라 다르며 미치는 영향도 다르다. 이 영향은 긍정적일 수 있고 부정적일 수도 있으며, 클 수 있고 작을 수도 있다. 일례를 들면, 어릴 적 가난했던 아이가 가난을 스스로의 노력으로 극복하여 어릴 적 가난을 괜찮은 추억으로 갖고 행복하게 살아갈 수도 있고, 가난 극복에 실패하여 가난했던 과거를 저주하며 불행하게 살아가는 경우도 있다.

과거의 환경이나 경험에 따라 또 당사자의 대응에 따라 미래가 좌우되는 예는 때로 치열하고 극적이며 운명적인 면이 있고, 제3자의 입장에서는 흥미롭고 교훈이 될 수 있기 때문에 많은 문학의 소재가 되기도 한다.

태어난 후의 역사는 좋은 추억일 수 있고, 나쁘거나 아픈 기억일 수 있다. 어떤 경험은 나도 모르게 내 마음속 깊은 곳에 잠재해 있다가 불현듯 나타나 내 인생에 큰 영향을 줄 수도 있다.

태어난 후의 역사는 생각보다 미래에 큰 영향을 미치며 중요하다. 태어난 후의 역사 중에서 나쁜 것을 소위 '과거'라고 하기도 한다. '저 사람은 과거가 있어.'라면 나쁜 과거가 있다는 의미다. 과거를 지울 수는 없겠지만 극복할 수는 있다. 그리스도교에서는 사랑으로 극복하라고 가르치며, 불교에서는 집착에서 벗어나 도를 이루라고 교도한다. 과거를 극복하는 예를 들면 다음과 같다.

- 과거를 탓하기보다 용서하고 나 자신부터 용서한다.
- 남을 비난하거나 복수하기보다는 용서하여 나의 발전의 계기로 삼는다.
- 나에게 도움을 준 사회나 자연에 감사하고 은혜를 갚고 베풀도록 노력한다.
- 나아가, 무조건 사회와 자연을 사랑하고 보답하는 일이 나에 이롭고 행복과 평화의 기초가 됨을 알고 사회와 자연을 위해 노력한다.

# 2. 현재의 나

## 1) 현재의 내가 중요한 이유

지금이, 현재가 내 인생의 가장 중요한 순간이다. 현재의 나는 과거의 결과라고 하겠지만, 과거 나의 잘잘못과 관계없이 현재는 내 인생의 가장 중요한 순간이다. 현재의 내가 중요한 이유는 넷이 있다.

### (1) 현재가 즐겁고 행복해야 한다

현재는 인생 최대의 관심인 행복과 불행, 즐거움과 고생을 느끼는 시점이고 현장이다. 현재를 의미 있고 훌륭하게 보내야 한다. 현재가 즐겁지 않다면, 좋은 미래를 기대하기도 어렵다. 현재는 인생의 맛을 느끼고 즐길(그리고는 곧 사라질) 순간이다. 과거의 즐거움과 고생은 추억일 뿐이고, 미래의 행복과 불행은 상상일 뿐이다.

### (2) 현재는 내 인생에서 일할 수 있는 유일한 순간이다

현재는 좋은 미래를 계획하고, 나의 긍정적인 변화를 이끌어 미래에 대비해 일을 할 수 있는, 또 일을 해야 하는, 놓쳐서는 안 될 결정적 순간이고 현장이다. 과거는 기록일 뿐이고, 미래는 계획일 뿐이다.

인생은 플러스(+)다

(3) 현재는 바로 나의 미래에 영향을 준다

지금 내가 한 행위는 바로 과거가 되어 지울 수 없는 나의 역사가 된다. 앞에서 언급한 바와 같이, 태어난 후의 역사는 나의 미래에 크고 길게 영향을 줄 수 있다.

(4) 현재는 훌륭한 미래를 위한 디딤돌이다

현재의 생각과 행동이 내가 나아갈 미래의 방향을 결정하고 미래의 나를 만든다.

## 2) 개인 정보 항목(개인의 현재 상황을 표현하는 정보)

훌륭한 미래를 위한 첫 번째 단계는 현재의 나를 정확히 파악하는 일이다. DNA에 저장된 유전 정보만 해도 2만여 개라고 하지만, 현재의 나를 표현하는 정보도 만만치 않을 것이다. 한 사람의 특성을 정확히 서술하려면 책 한 권으로도 부족할 것이고 완벽하게 정확히 파악하는 일은 불가능할 것이다. 더구나 수시로 변하는 나를 정확히 서술하는 일도 불가능에 가깝다고 할 것이다. 우선 전통적으로 사용하는 개인 정보 항목을 나열해 보자.

- 이름(성명, 호, 예명, 필명, 본명, 세례명 등)
- 생일(생년월일시)
- 출생지/거주지
- 성별(남/녀)

- 국적

- 언어(사용 언어, 가용 언어)

- 종교

- 얼굴(눈, 홍채, 코, 귀, 입, 안형, 안색, 두발 등)

- 신체 특성(키, 몸무게, 체형, 지문 등)

- 건강 상태(계통, 기관 부위별 건강 이상 여부)

- 건강 정보(체온, 혈액형, 혈액 성분, 맥박, 혈압, 혈당 수치 등)

- 체력(균형 유지 능력, 달리기 능력, 완력, 멀리 뛰기, 높이 뛰기 등)

- 가족(결혼 전: 조부모, 부모, 형제자매 등, 후 : 본인, 배우자, 자녀 등)

- 친인척(보통 4촌까지, 멀게는 8촌까지)

- 인간관계(친구, 연인, 동호인, 동료, 사회관계인, 참여 사회 등)

- 학력/경력

- 재력

- 직업

- 성격(내성/외향, 성급/침착, 분석/감각, 조화/배타 등)

- 능력(지혜/지식, IQ, 판단력, 창의력, 기획력, 기억력, 이해력, 통솔력,
  상상력, 포용력, 친화력, 설득력, 추진력, 지구력, 조직력, 표현력, 인지
  력, 분석 능력, 도구/기기 사용 능력 등)

- 특기(특별히 우수한 기능, 재능 또는 능력)/취미

- 특기 사항(병력, 수상 경력, 사고, 습관, 등)

- 사고방식(철학, 인생관, 꿈 등)

- 마음 상태(만족/불만, 즐거움/괴로움, 평화/불안, 평안/분노, 자신감/
  자괴감, 자만, 근심, 걱정, 두려움, 지루함, 외로움, 음욕, 질투, 시기

인생은 플러스(+)다

등), 특별감정(호불호, 원한, 인식 등)

위에 나열한 것 외에도 더 세분화하거나 더 도입할 수 있는 정보 항목이 많이 있을 것이다.

주의할 점은 정보를 정확히 파악해야 한다는 점이다. 예를 들어, 보통의 정상적인 건강한 사람인데 너무 건강을 염려하여 건강 염려증이라는 병이 있다면, 이는 스스로 파악하기 어렵다. 자신을 과대평가해서도 안 되겠지만, 과소평가도 위험하다. 객관적이고 정확한 파악을 위해 제3 자를 통해 자신을 파악할 필요도 있다.

## 3) 자신을 파악하면서 주의할 점

### (1) 남과 다른 나

사실, 위의 개인 정보 항목 중 어느 한 항목에서도 나와 남이 같기는 힘들다. 하물며 위의 많은 항목의 내용이 같기는 불가능하다. 즉, 나와 남은 다른 것이 당연하다. 하지만, 인간의 제2 본능에 의해 인간은 자신의 우월성을 증명하고자 남과 비교하는 데 익숙하고, 자신의 발전을 위한다는 명분으로 비교하기를 좋아한다. 남보다 우위에 위치하거나 일등이 되고 싶어진다. 그러나 조금 더 생각해 보고는 모든 면에서 내가 남보다 우위에 설 수는 없다는 사실을 깨닫게 된다. 그러면 목표를 줄여서, 많은 부분에서는 보통의 수준이고(열세이지 않고 나의 욕망을 채우기에 문제가 되지 않는 수준) 일부 부문에서만 일류가 되는 것으로 목표를 조정할 것이다. 인간의 제2 본능은 비교 능력 본능이라고도 한다. 즉 인간은 남 또는 다른 것과 비교하는 능력이 있고 우위에 서고 성공하려는 욕망이 있다. 제2 본능은 당연히 필요한 본능이지만 다만 지나친 욕망은 과욕 또는 탐욕이라고 하여 나에게 해롭거나 손해를 초래한다. 탐욕은 대표적인 악 또는 죄로 분류된다. 그래서 과유불급(過猶不及)은 귀중한 교훈이 된다. 나와 다른 남들을 인정하고, 그리고도 나는 훌륭할 수 있다는 사실을 현재의 나에서 깨달아야 한다. "열 재주를 가진 사람이 한 가지 재주를 가진 사람을 못 이긴다."고 하였다. 또 "재주가 노력을 이기지 못한다."고도 하였다.

잘못된 남과의 비교보다는 나는 남과 다른 존재라는 진리를 깊이 이해할 필요가 있다. 나와 남을 비교할 일이 있다면, 소위 '선의의 경쟁'으로 서로의 발전에 도움이 될 때뿐이다.

### (2) 나를 지배하는 나

위의 정보 항목 중 앞으로 변하지 않을 내용은 생일뿐이다. (출생지는 위치가 변하지는 않지만 상태나 상황이 크게 변할 수 있다.) 다른 모든 정보 항목의 내용은 변하거나 변할 수 있다. 잘 변하지 않는 것은 성격이고, 가장 쉽게 변하는 것은 아마 마지막에 열거한 마음 상태, 심리 상태일 것이다. 마음 상태는 기분 또는 감정이라고도 하여 수시로 변하기도 한다. 마음 상태는 특히 순간에 양극을 오갈 수도 있다. 즉 만족/불만, 행/불행, 즐거움/괴로움, 평화/불안, 평안/분노가 내가 마음먹기에 따라 또는 남과의 비교에 의해 양극을 오갈 수 있는 것이다. 현재가 내 인생에 가장 중요한 이유 네 가지 중 첫째가 '현재가 행복과 불행을 느끼는 순간'이다. 그렇다면, 만족/불만, 행복/불행, 즐거움/괴로움, 평화/불안, 평안/분노, 교만, 자만, 근심, 걱정, 두려움, 지루함, 외로움, 음욕, 질투, 시기, 등 내 마음 상태를 내가 조절할 수 있다면 좋지 않겠는가? 그렇다, 내 '마음 상태'의 대부분은 내가 마음먹기에 따라 달라진다. 예를 들어, 이웃이 나보다 상당한 부자라고 하자. 하루 세끼 먹기는 나와 다르지 않고, 이웃은 재산 지키기 어려울 것이고, 나중에 상속 문제로 머리가 아플 것이라고 생각하면, 나는 순간에 덜 불행하게 느낀다. 어렸을 적의 나는 머리가 작은 편이라고 생각하여 고민했다. 그런데 요즘 세대는 머리가 작은 편을 선호한다.

"가장 강한 사람은 자신을 이기는 사람이고, 가장 현명한 사람은 항상 공부하는 사람이며, 가장 행복한 사람은 항상 감사하는 사람이다." 탈무드에 나오는 명언이라고 한다. 여기서 강조할 점은 자신을 이기는 사람이 가장 강한 사람이라는 점이다. 일체유심조(一切唯心造)라고도 하였다. 모든 것이 마음먹기 달렸다. 인생의 가장 귀중한 시간인 현재, 그리고 그 현재가 중요한 이유의 반이 내가 마음만 고쳐먹으면 행복해진다. 인생은 어려운 듯하지만 쉽다. 우선, 나를 이기는 나, 나를 지배하는 내가 되어야 한다.

위의 정보 항목 중 앞으로 잘 변하지 않거나 변화가 어려운 것들 중 하나가 성격이다. 성격은 태어날 때 정해지고 그 이후에는 잘 변하지 않는다고 생각하여, 명리학에서는 운명을 좌우하는 것으로 사주(생년월일시)를 절대시한다. 하지만, 성격도 부단히 노력하면 상당히 바꿀 수 있다. 굳이 바꾸지 않더라도 자신의 성격의 장단점을 잘 파악하고 있어, 성격의 부적절한 발로를 자제한다면 설혹 운명이라도 피하고 바꿀 수 있는 것이다.

# 3. 미래의 나

## 1) 미래의 나는 현재 나의 목표고 희망이며 꿈이다

미래의 나는 존재하지 않는 상상의 나다. 미래의 나는 나의 목표이고, 희망이며 꿈일 뿐이다. 하지만 미래의 나는 무지무지하게 중요하다. 역사의 나는 지나간 과거로 어쩔 수 없으니 중요해 봤자 추억일 뿐이다. 현재의 내가 가장 중요하다고 하지만 어쩌면 미래의 내가 더 중요할 수 있다. 현재의 내가 할 수 있는 일은 제한적이지만 미래의 내가 할 수 있는 일은 무궁무진하다. 끝이 좋아야 다 좋다고도 하지 않는가? 나이가 들수록 미래의 내가 할 수 있는 일은 적어 보이지만, 그것도 모른다. 많은 종교가 영원한 내세를 중요시한다.

미래의 내가 중요한 또 하나의 이유는 미래가 희망이며 꿈이기 때문이다. 희망이 없는 사람은 절망적인 사람이고 죽은 사람이다. 꿈이 없는 사람에게는 인생이 허무일 뿐이다. 희망과 꿈은 죽을 때까지도 붙들고 있어야 한다. 그렇지 않으면 인생의 말년에 '헛되다. 헛되고 헛되도다.'라고 인생을 후회하고 탓할 것이다. 그리스도교는 사람이 갖추어야 할 3가지 덕으로 믿음, 희망, 사랑을 든다. 희망은 그런 정도로 중요한 덕이다.

미래의 내가 중요한 또 하나의 이유를 들어 보자. 자연의 제1 원리는 변화의 원리이다. (제4부 자연 참조) 세상의 모든 것은 변한다. 나도 변한다.

현재의 나 → 변화 → 미래의 나

변화에 순응하는 수동적인 변화가 다 나쁘고 불리한 것은 아니지만, 가급적이면 능동적이고 적극적으로 변화해야 불리한 변화를 미리 조금이라도 막을 수 있다. 능동적으로 변화해야 밀려오는 변화를 조금이라도 더 내 의도에 맞게 이끌 수 있다. 능동적인 변화를 이끄는 두 가지가 있다. ① 목표와 ② 의지다. 우리는 크고 작은 여러 가지 목표를 갖고 또 수정을 하면서 산다. (인생의 목표는 제5부에서 자세히 다룬다.) 능동적 변화의 과정은 일반적으로 마음의 변화 → 생각의 변화 → 행위의 변화 → 습관의 변화를 거친다. 능동적 변화의 첫 단계인 마음의 변화를 이끌고 유지하는 것이 의지다. 의지의 기반을 인생관이라고 할 수 있다. (인생관에 대해서는 조금 뒤에 별도로 기술한다.) 능동적 변화 과정의 중요성은 제9부 인생의 길 어떻게 살 것인가? 2. 바른 생활에서 다시 강조한다.

## 2) 과거를 이기고, 현재의 나를 발전시킬 나의 미래

우리는 살아가면서 많은 잘못을 저지른다. 그 잘못은 지워지지 않고 나의 과거로 남겠지만 그 잘못된 과거는 앞으로 내가 하기에 따라 나에게 큰 교훈이 되고 도움이 될 수 있다. 과거를 극복하고 과거를 디딤돌로 삼아 훌륭한 미래를 건설하여야 한다. 어려서 뼈가 부러진 사람은 잘하면 더 튼튼한 뼈로 회복된다고 한다. 인간은 약하면서도 강하다. 사람은 평균 정상 체온 36.5℃가 40℃만 되어도 생명이 위태하다고 한다. 하지만, 물만 먹고도 30일을 견딘다고 한다. 마음이 한없이 약해질 때도 있지만,

아무리 어려운 일이라도 할 수 있을 것 같은 자신감이 생길 때도 있다. 약할 수도 있고 강할 수도 있음을 아는 인간은 강하다. 특히 겸손은 강함을 잉태하고 있다. 스스로 약함을 알고 겸손하게 강해질 계획을 세우고, 그 계획을 실행에 옮기는 인간은 역시 강하고, 귀하다, 멋지다.

### 3) 미래의 나는 미지수다

미래의 나를 결정하는 것은 앞에서 설명했듯이 현재의 나와 변화다. 현재의 나는 어느 정도 안다고 하더라도 닥쳐올 변화는 깜깜한 것이 많다. 나 자신의 변화는 어느 정도 예측할 수 있다고 하더라도 사회환경과 자연환경의 변화는 연구하고 공부하여도 예측하기 어렵다. 거기에 더하여 나의 변화와 환경의 변화가 상호 영향을 주고 있어 변화의 방향과 영향 및 변화의 결과는 더욱 알기 어렵다. 예를 들어, 전쟁, 질병, 기근은 현대에도 대비가 어렵지만, 옛날에는 특히 삼재(三災)라고 하여 대비하기 어려운 재난으로 알려졌다. 근대에 들어 산업혁명이나 컴퓨터의 발달에 따른 정보혁명 등이 인류 문화와 문명의 발전에 기여했다고는 하지만 미지의 영역이 넓어진 면도 있다. 인공지능(AI: Artificial Intelligence)의 출현과 발달로 많은 인류는 다시 한번 발전의 기회를 잡겠지만, 동시에 그 변화로 인해 직업이 위협받고, 많은 직업이 새로 생기며 미지의 미래에 대한 불안이 닥칠 수 있다.

많은 사람이 미래에 불안을 느끼고 미래를 더욱 알고 싶어 하고 미래를 알고자 연구하기도 한다. 여기서 소위 점, 점괘 및 운명론에 대해 조금은 생각해 볼 필요가 있다. (부록 3 운명/운/점 참조)

인생은 플러스(+)다

"내 마음 나도 모른다."는 말이 있다. 내 심장이 내가 의도하여 움직이는 것이 아니듯이 때때로 (나의 머리가) 나도 모르게 결정하고, 행동을 취할 경우가 있다. 그러니 나의 미래가 전혀 나의 뜻대로 움직이지 않는 것은 오히려 당연할 지경이다.

미래의 나는 깜깜하고 미지수라 불안하기도 하지만, 검고 어두운 미지 수만이 있는 것이 아니고, 울긋불긋하고 밝은 미지수일 수도 있다. 희망 을 가지고 긍정적으로 노력하면 울긋불긋하고 밝은 미래가 올 가능성이 어려운 미래가 올 가능성보다 훨씬 높다. 그리고 희망을 가지고 긍정적으 로 노력하는 과정은 아름답고 값지다. **겸손과 자신감**을 가지고 바르게 미 래를 대하고 대처하면 미래는 불안의 미지수나 암흑이 아니고, 좋은 의미 의 기적일 수 있고, 아름답고 밝은 길이며, 행운의 열매를 맺는 과정이기 도 한 것이다.

## 4) 좋은 멘토가 필요하다

미래가 예측하기 힘들고 대처하기 힘든 것은 사실이다. 미래만 어려운 것이 아니라 현재를 파악하는 것부터 어렵다. 어려운 미래를 혼자서 연구 하고 공부하는 것은 어렵고 비효율적이다. 또 "등잔 밑이 어둡다."는 속담 이 있듯이 자기 자신의 어려움이나 문제점은 스스로 알아내기도 어렵다. 그래서 조력자가 필요하다. 공자는 삼인행필유아사(三人行必有我師), 즉 "세 사람이 가면 반드시 그중에 나의 스승이 될 사람이 있다."고 하였다. 스승이라고 하면 나보다 더 훌륭하고 뛰어난 사람이 먼저 생각난다. 그런 데 나의 조력자는 모든 면에서 나보다 뛰어나거나 훌륭할 필요는 없다.

일 부문에서만 뛰어나도 나의 스승이 될 수 있고 도움이 될 수 있다. 요즘 말로 멘토가 필요하다. 어느 한 분야에서 나보다 뛰어난 사람은 많다. 사실 멘토는 꼭 사람일 필요도 없다. 책 등 간행물이나, 방송이나 영상 기록물이나, 현대에는 인터넷이나 인공지능 등 정보가 너무 많아 걱정이다. 심지어는 경쟁자나 적도 나에게 도움이 될 수 있다.

그런데 진짜 필요한 멘토는 구하기 어려울 수도 있다. 현대와 같이 막대한 양의 정보가 흘러넘치는 세상에서는 진위 즉 참과 거짓을 구별할 수 있는 멘토가 필요하기 때문이다. 사실 훌륭한 멘토 중의 하나가 종교다. (훌륭하고 참되고 진리인 종교라면) 종교는 일생, 즉 죽을 때까지 아니 죽고 나서도 작동을 하는 멘토라고 할 수 있다. 그런데 믿고 따라야 할 멘토인 종교가 옳은지 바른지 잘못된 점은 없는지 못 미더워 못 믿는 사람들이 많을 것이다. 종교는 인생에 지대한 역할을 하는 선택이다. 따라서 역시 부록에서 설명을 시도한다.

# 4. 인격과 인생관

인격의 사전 풀이는 '사람의 됨됨이'로 되어 있다. 비슷한 용어로는 인간성(人間性), 인품(人品) 등이 있다. 인생관의 사전 풀이는 '삶의 의의나 목적, 가치 등에 대한 견해나 입장'이다. 비슷한 용어로는 인생철학이나 가치관 등이 있다. 인격과 인생관의 다른 점은 한마디로 인격은 그 사람의 현재의 사람 됨됨이, 즉 그 사람의 현재의 상태를 의미하고 인생관은 삶을 보는 견해, 즉 그 사람이 지향하는 미래라고 말할 수 있다.

대부분의 스포츠에서는 선수의 능력을 최고급, 고급, 중급, 하급, 초보 등으로 나눌 수 있다. 또는 프로와 아마추어로 나누기도 한다. 바둑에서는 급이나 단의 숫자로 능력을 구분하고, 실전에서 하급자가 먼저 몇 점을 놓고 두는 치수로 능력이 거의 정확히 구분된다. 다시 말해 스포츠나 게임에서의 능력 차이는 비교적 명확하고 때로는 정확하기까지도 하다. 반면에 인격은 경우에 따라 판별하기 어렵다. 인격은 능력과는 다른 표현이다. 즉 능력이 있다고 고품격자로 인식되지 않는다는 것이다. 힘이 세거나, 사회적으로 성공한 사람은 능력이 있다고 말할 수 있지만, 반드시 인격자라고 할 수는 없다. 그런데 우리는 인격자가 되기를 지향한다. 그러면 인격은 어떻게 인식되어야 하는가?

인격이 낮은 사람을 극단적으로 표현할 때, '짐승만도 못한 사람'이라고 한다. 그러므로 인격자는 제1부에서 구분한 인간의 제3 본능인 진리의 인생을 제2 본능이나 제1 본능 이상으로 생각하고 추구하며 행동하는 사람이라고 할 수 있다. 살다 보면 생존의 인생과 욕망의 인생과 진리의 인생이 충돌할 때가 있는데, 이때에 생존의 인생이나 욕망의 인생보다 진리의 인생을 우선적으로 생각하고 판단의 기준으로 고려하는 사람이 인격자라고 할 수 있는 것이다. 비슷한 표현으로는 성인, 군자, 현자, 대인, 선각자 등이 있다. 쉬운 비유를 들자면, 인격자는 내가 먹고살기 힘들더라도 다른 사람을 먼저 배려하고 사랑하는 사람이다. 또 인격자를 표현할 때, 인격이 고매하다고 한다. 그러므로 인격자는 멀리 보고, 길게 보며, 높은 데서 넓고 다양하게 보아 진위를 판별한다. 서두르지 않으며, 참고 기다릴 줄 아는 사람이다.

하나 더 강조하고 싶은 점이 있다. 인격자가 되기를 지향하기는 하되, 모두가 다 인격자가 될 수 없고, 또 그럴 필요가 없다는 점이다. 바둑을 두는 모두가 프로가 되고, 고급자가 될 수도 없고, 될 필요도 없다. 자기 수준에서 바둑을 즐길 수 있고, 인생을 즐기고 사회의 일원이 되면 충분하다.

인생관이란 용어는 쉽게 사용하고 이해하기에 그리 어렵지는 않으나 막상 그 의미를 서술하라고 하면 어렵다. 인생관은 어렵다면 어렵지만 하나의 좌우명을 인생관으로 삼고 살아가는 사람도 있다. 즉 좌우명, 가훈, 교훈, 사훈, 국가가 정한 국민교육 헌장 등을 인생관의 일부로 활용하는 사람도 있다. 내가 생각해 본 가훈이나 간디의 생각이 참고가 되기를 바란다.

인생은 플러스(+)다

## 가훈

1. 몸과 마음을 튼튼히 하자.
2. 참되고 밝고 슬기롭게 살자.
3. 열심히 배우고 일하자.
4. 이웃을 돕고 사랑하자.

## 나라가 멸망할 때 나타나는 7가지 사회악

1. 원칙 없는 정치
2. 노동 없는 부
3. 양심 없는 쾌락
4. 인격 없는 교육
5. 도덕 없는 상업
6. 인간성 없는 과학
7. 희생 없는 종교

"열 길 물속은 알아도, 한 길 사람의 속은 모른다."는 말이 있다. 여기서 사람의 속은 그 사람의 생각 즉 가치관, 인생관을 의미한다고 할 수 있다. 인생관은 인생 및 세상 모든 것에 대한 개인의 생각으로 그 내용의 범위가 광대하여 남은 물론 자기 자신도 자신의 인생관을 모르거나 혼동하는 일이 오히려 당연할 수 있다. 더군다나 개인의 인생관은 수시로 변할 수도 있다. 인생관은 각자가 인생을 보는 관점이고 견해이며 인생의 목표며 지향점이라고 할 수 있다. 따라서 이 책에서 의미하는 인생관에 관해서는 제1부의 인생의 본질을 무엇이라고 생각하는지, 무엇을 우선적으로 생각하는지, 또 제5부 인생의 목표와 제9부 인생의 길 (어떻게 살 것인가?)을 참고하기를 바란다.

아무튼 좋은 인생관을 가지도록 노력하고, 또 수시로 현실에 맞게 인생관을 수정 또는 보완하는 일이 필요하다.

제3부

인생의 환경 1
(사회)

# 1. 사회의 본질, 목적/목표 및 구성 요소

## 1) 사회의 본질

사회의 사전적인 정의는 "공동생활을 하는 사람들의 조직화 된 집단이나 세계"이다. 그러나 본질적인 정의는 앞에서 기술했듯이(제1부 4) "구성원의 행복과 평화를 위해 만들어진 구성원의 조직"이다.

## 2) 사회의 목적/목표

### (1) 사회의 목적

사회의 근본 목적은 사회의 본질에서 밝힌 구성원의 행복과 평화다. 그렇지만, 구성원의 더 큰 행복과 평화, 지속 가능한 향상된 안전과 평화를 위해, 또 변화하는 환경에 적응하기 위하여, 사회의 유지와 발전이라는 목적이 추가되기도 한다. (구성원의 입장에서만 보면, 사회의 목적은 구성원의 행복과 평화다. 사회의 발전은 다른 생물의 사회생활에는 없는, 인간의 본질적 욕망에 의한 인간만의 독특한 목표라고 할 수도 있다. 다른 생물은 개체의 안전과 생존 및 종족의 번성만을 목표로 한다고 할 수 있다.) 사회의 목적을 쉽게 나열하면 다음과 같다.

① 구성원의 행복과 평화

② 사회의 유지와 발전

근대에 이르러, 사회는 복잡해지고 다양해지면서, 영리를 목적으로 하는 사회단체가 생겼다. 대부분의 제조 또는 판매 회사가 그렇다. (대부분의 회사는 구성원의 행복보다는 회사의 이익을 우선하는데 이는 사실 회사의 유지와 발전을 구성원의 행복과 발전보다 우선시하고 급한 일로 보는 것이다.)

많은 사회가 ① 구성원의 행복과 평화와 ② 사회의 유지와 발전 중 어느 것을 우선시하고 어느 선에서 타협을 할 것이냐의 기로에 서는 일이 많아질 것이다. 대부분의 노사 문제가(노동 단체와 회사 경영자 측) 이 문제라고 보면 된다.

## ⑵ 사회의 목표

사회가 그 목적을 달성하기 위하여, 실제로 하는 일을 목표라고 할 것이다. 소위 업(業)이라고 간략히 말한다. 회사가 목적을 달성하기 위해 제조업을 하고, 개인이 그 목적을 이루기 위해 직업을 갖는 것이 좋은 예가 된다.

일반 사회의 목표를 알기 위해, 아마도 가장 큰 사회인 국가의 목표를 생각해 본다. 국가는 국민의 행복과 평화, 나라의 유지와 지속적인 발전을 위해 사회 안정(제도, 치안, 의료, 교육, 문화 등), 국방 및 외교, 경제, 과학 및 기술의 발전에 힘써야 할 것이고 그것이 국가의 목표다.

## 3) 사회의 구성 요소

사회의 구성 및 생성 필수 요소는 세 가지이다.

① 구성원

② 목적 및 목표

③ 규율

### (1) 구성원

사회는 최소 2인의 구성원이 필요하다. 사회는 사회의 효율적이고 성공적인 운영과 목적 달성을 위해 사회의 관리자가 필요하다. 지도자, 리더, 대표자, 대리인, 간부, 조직장 등 여러 이름으로 불리기도 하지만, 대체로 일반 구성원과 관리자로 구성된다고 말할 수 있다. (특별한 관리자가 없이, 구성원들이 각자 역할을 분담하는 경우도 있다. 이 경우는 구성원이 모두 관리자를 겸하고 있는 셈이다.)

### (2) 목적 및 목표

묵시적 또는 합의된 목적이 있으며, 목적 달성을 위해 목표를 가질 수 있다.

목적이나 목표는 물론 구성원을 위한 내용이어야 하지만, 예외적으로 상부 사회나 미래 사회를 위해 희생하는 목적이나 목표를 갖기도 한다. 예를 들면, 군대에서의 자살 특공대를 들 수 있다. 자손의 번창을 위한 선조나 조상 부모들의 희생정신도 예가 될 것이다. 그러나 그러한 목적이나 목표도 구성원의 정신적 행복이나 만족을 위한 것이므로 예외가 아니라

인생은 플러스(+)다

고 볼 수도 있다.

사회의 목적이 직접적으로 구성원의 행복이나 평화를 위한 것이 아니라면, 그 사회 목적이나 목표는 상당히 심각하게 고려해 보아야 하고, 구성원이 정말 자발적으로 참여하는지도 재삼 숙고하여야 한다.

사회는 그 목적을 달성하기 위한 구체적인 목표를 명확히 갖는 것이 좋으며 일반적이다. 즉, 사회가 목적을 달성하기 위해 할 일, 업을 목표로 정하는 것이 좋다.

### (3) 규율

사회는 묵시적 또는 합의로 정해진 규율을 갖는다. 규율에는 여러 가지가 있을 수 있지만, 제일 중요하고 필수 사항은 사회의 목적을 달성하기 위한 구성원의 의무와 권리에 관한 규정이다.

사회의 규율은 사회의 구성이나 목적에 따라 다양하며, 형태적으로는 묵시적으로 합의된 규율(불문율)과 합의되어 글자로 분명히 정의된 규율(성문율)로 나눈다. 대표적 전형적인 사회로 가족과 국가를 들 수 있으며, 불문율을 갖는 대표적인 사회가 가족이고, 성문율을 갖는 대표적인 사회가 국가라고 할 수 있다. 불문율과 성문율을 혼용할 수도 있다.

① 불문율: 도덕, 윤리, 불문 규율, 규범, 의례 등 (적용 예, 가족)

② 성문율: 법, 법률, 규칙, 규정, 준칙 등 (적용 예, 국가)

사회의 목적을 달성하기 위해 사회의 규율은 중요하다. 반면에 규율을 잘 정하기는 쉽지 않고, 또 한 번 정해진 규율은 변경, 개정 및 폐지가 용이하지 않다. 그러므로 변하는 환경에 잘 맞는 규율을 갖는 일은 어렵다. 특히 국가의 법률이 그러하다. 현대 국가 법치주의의 최대 문제가 바로

법의 문제이다. 이러한 법의(규율의) 경직성을 해결하는 첫 번째 방안은 법(규율) 적용의 탄력성과 유연성이겠지만, 최후의 보루는 구성원의 원숙한 인격 내지는 도덕성이라고 할 것이다. 따라서 구성원의 교육은 구성원의 능력 향상을 우선으로 하겠지만, 규율 적용의 유연성과 탄력성에 중점을 주는 일도 이에 못지않게 중요하다.

사회의 목적이 구체적인 목표를 갖듯이, 사회의 규율도 자세한 기술과 정의가 필요하다. 예를 들어 규율은 조직, 인사, 업무에 관한 것 외에도, 기술(과학), 운영(경영), 영업(홍보), 교육(훈련), 안전 및 보안 등을 포함하게 된다.

## 4) 사회의 특성 및 사회의 종류(예시)

### (1) 사회의 특성

- 2인 이상의 구성원으로 성립된다. (최소사회의 예가 연인 관계, 친구 관계)
- 사회는 생성, 소멸될 수 있다.
- 사회는 축소, 발전, 변형, 분열, 합병 등의 변화를 한다.
- 애초부터 나쁜 목적을 가지거나 지향하는 사회가 생길 수도 있다.
- 기존의 좋은 사회가 나쁜 단체로 변질되기도 한다. (그 반대도 가능하다.)
- 구성원이 가입/탈퇴할 수 있다. (가입/탈퇴가 상당히 어려운 경우도 있다.)
- 사회가 구성원의 가입/탈퇴를 권유 및 강제하기도 한다.

인생은 플러스(+)다

- 구성원의 책임이나 의무의 강도에 따라 강력한 사회와 느슨한 사회가 있다.
- 사회는 묵시적으로 또 자연적으로나 의도적으로 구성될 수 있다.
- 사회는 단체, 조직, 모임, 법인, 회사, ○○회 등 다양한 명칭을 가지기도 하지만, 무명 사회도 있다.
- 가입 사회의 수효는 인생 초년에 적으나, 성년이 됨에 따라 그 수효가 늘고, 노년에 이르면 참여 사회의 수효가 줄어드는 것이 일반적이다.

## (2) 사회의 종류와 분류(예)
- 대표적인 사회는 가족, 직장 및 국가다.
① 가족
② 직장
③ 국가
* 가장 대표적이고, 가장 중요하고, 역사가 유구한 사회라고 할 수 있다.

**사회 목적에 따라**
- 비영리 단체: 영리가 주목적이 아닌 단체
- 영리 단체: 영리가 주목적인 단체
* 영리 단체는 구성원의 행복보다, 단체의 이익을 우선할 가능성이 있다.

**외부 단체이지만, 나에게 유익하냐의 여부에 따라**
- 유익한 단체
- 무해 무익한 단체: 상황의 변화가 있을 수 있음
- 해로운 단체
  • 적대적 단체: 내가 속한 단체를 해하려는 단체

- 경쟁적 단체: 관찰, 경계 또는 필요시 대응 대상

**기타 분류의 예**

- 사적 단체

- 공적 단체

- 합법 단체

- 불법 단체

- 법인 단체

- 비법인 단체

- 상설 단체

- 임시 단체


다양한 사회의 예를 들어 보고, 몇 가지 구분의 예를 들어 본다.

- 가족: 부모, 부부, 형제자매, 직계 가족 등

- 친인척: 친족, 방계 등

- 연인

- 친구

- 학교: 유아 학교, 초등학교, 중학교, 고등학교, 대학교, 대학원 등

- 학원: 일반 교육원, 직업 교육, 기술 교육, 특수 교육 기관

- 직장, 일터, 노동조합

- 종교 단체: 산하 단체 및 모임 포함

- 국가, 공공 기관

- 지역 사회: 지방자치 단체 등

- 국제 사회: UN, 유엔 산하 단체, 유럽 연합 등

- 동족, 동지역, 동류 구성원
- 사회 단체: 재단법인, 사단법인 등
- 취미 단체: 동호회 등
- 친목 모임: 친목회, 동료 단체(동창회, 동기회, 전문가 모임 등)
- 특수 목적 단체: 자연보호 단체, 동물 보호 단체, 기후연합 등
- 가상 공간 회원(인터넷 회원 등)
- 기타: 강제 가입 단체(교도소 등) 불법 단체 등

# 2. 사회 문제

## 1) 사회 내부 문제(좋은 사회/나쁜 사회)

좋은 사회는 바른 목적 즉 구성원의 행복과 사회의 발전을 목적으로 하여, 건전한 구성원 즉 구성원을 위하고 사랑하는 관리자와 의무를 성실하게 수행하는 구성원으로 구성되어, 구성원에 맞는 바른 규율을 가지고 유지되는 사회일 것이다. 대표적으로 앞에서 평화롭고 행복하게 생활하는 정상적인 가정을 예시하였다. (제1부 4. 사회와 인생의 관계)

나쁜 사회는 좋은 사회가 아닌 사회다. 나쁜 사회의 문제점이 일반 사회가 개선하거나 해결해야 문제점일 것이므로 최대한 나열해 본다.

### (1) 사회의 목적/목표의 잘못
- 사회의 목적이 정당하지 않은 경우: 예를 들면 도박 모임, 깡패 집단 등
- 사회의 목적/목표가 구성원의 행복/평화와 충돌하는 경우: 예를 들면, 과도한 이익의 추구는 구성원의 희생을 강요할 수 있다.
- 사회의 목적/목표가 달성하기에 불가능하거나 무리한 경우
- 목적/목표가 옳더라도 다른 사회의 목적/목표와 충돌하는 경우: 예를 들면, 개발 목표는 항상 자연보호 목표와 충돌할 수 있다.

- 목적/목표가 옳더라도 실행이 잘 안 되어 목적/목표에 미달할 경우: 예를 들면 추진 우선순위의 잘못 등

## (2) 관리자의 잘못

- 관리자가 된 것을 성공으로 생각하는 경우: 사회의 목표 달성보다는 개인의 성공(명예, 권력, 재물 등)을 추구
- 관리자가 관리자의 의무와 책임을 다하지 못하는 경우
- 관리자가 사리사욕을 취하는 경우: 횡령, 배임, 등
- 관리자가 일반 구성원이나 부하의 공을 가로채는 경우
- 관리자가 일반 구성원이나 부하를 칭찬보다는 꾸중이나 벌로 다루려는 시도
- 관리자의 능력이 업무에 상당히 못 미치는 경우
- 관리자가 환경의 변화에 적절히 대처하지 못하는 경우
- 관리자의 독선: 관리자가 규율이나 상식을 넘어 잘못을 행하는 경우

## (3) 일반 구성원의 잘못

- 일반 구성원이 의무와 책임을 다하지 못하는 경우: 구성원 간의 협력 포함
- 일반 구성원이 사리사욕을 취하는 경우: 횡령, 배임, 등
- 일반 구성원의 능력이 업무에 상당히 못 미치는 경우
- 일반 구성원 간의 다툼, 과도한 경쟁 등
- 일반 구성원의 과도한 욕심/욕망
- 일반 구성원이 환경의 변화에 적절히 대처하지 못하는 경우

- 일반 구성원의 사회에 대한 무관심이나 무지 및 나태: 사회나 관리자
  에 대한 관찰과 감시의 역할도 필요

(4) 규율의 잘못
- 잘못된 규율, 무리한 규율, 부족한 규율, 방임적 자유
- 구성원에 대한 부당한 처우
- 환경의 변화에 적절한 적응을 못 하는 규율(옳은 규율도 시간이나 환
  경의 변화에 따라 옳지 않은 것으로 바뀔 수 있으므로, 항상 검토하고
  재고해 볼 필요가 있다.)
- 특히 선출, 선거, 구성원 조건 등의 인사 규정이 적절하지 못한 규율
- 실행, 집행, 운용 및 적용이 잘못되거나 잘 안 되는 규율

## 2) 구성원 간 문제 중 사적 갈등의 대응 방안

구성원 간의 문제 중 사적 갈등은 소위 인간관계 또는 대인 관계로 많이
다루어지는 과제이다. 문제는 불화, 불호, 불평, 불만, 시기, 배척, 다툼, 불
복종, 적대시, 따돌림, 무시 등의 현상으로 나타난다. 다음과 같은 대응 방
안이 있다. (소위, 당근/채찍/무대응/무관심)
- 사랑, 용서, 포용, 보상: 문제의 원인이 나에게 있다고 보고(무지, 탐
  욕, 교만, 무능, 질투, 나태, 이기심, 등), 나의 성찰, 반성을 통해 상대
  를 사랑하고 용서하며 용납/포용하는 방법이다.
- 설득, 압박, 처벌: 문제의 원인이 상대에 있다고 보고, 보상, 설득, 압
  박, 처벌하는 방법이다. 그러나 상대가 진심으로 이해하고 납득하여

개선될지 확실하지 않은 경우가 많다.

- 무대응/무관심: 상대가 스스로 개선하기를 바라고 기다리는 방법이다. 그러나 상대가 무대응을 나의 약점으로 보거나, 무관심을 나의 보복으로 보고, 관계가 더욱 악화될 수도 있다.

### 갈등 해결 방안(구성원 개인 대책)

① 능력: 나의 능력을 가급적 키워야 한다. (사회가 나를 무시하지 않도록)

② 사랑: 인간관계를 원만하게 가진다. (사랑은 사회의 기초 원리다.)

③ 인내: 작은 잠깐의 갈등은 참고 지내야 한다. (사회에는 갈등만 있는 것이 아니다. 즐거움도 있고, 보람도 있고, 행운 및 후일도 있다.)

④ 우군: 최소 한 사람 이상의 우군을 확보하라. (사회에서 비교적 원활히 적응하기 위해서는 나에게 우호적이고, 긍정적이며, 친하고, 내 편이라고 할 만한 사람을 최소 한 사람 확보하여야 한다. 무조건 내 편인 우군이 아니라 정의를 지키는 우군이 필요하다. 한 사람 이상이면 그 사회에서 성공할 확률도 높아진다.)

⑤ 탈퇴: 최후 권리 행사(?)로 최악의 경우, 그 사회를 떠난다. (나는 존귀하다. 나의 길을 살아간다. 인생은 사실 홀로 살아내는 것이다.)

## 3) 사회 외부 문제

### (1) 외부 사회와의 경쟁

목적이나 목표가 유사하면 경쟁을 하게 된다. 구성원을 쟁탈하려는 경쟁이나 정보를 확보하려는 경쟁이 있다. 심한 경우는 경쟁 사회를 파괴하거나 파멸시키려는 일도 있다.

### (2) 외부 사회와의 협력

외부 사회와 협력이 필요한 경우에도 문제가 발생할 수 있다.

### (3) 외력의 작용

외부 사회(특히 상위 사회)가 자기 세력을 넓히기 위해 압력을 가하거나 영향을 끼치려고 한다. 국가가 하부 사회에 영향을 주는 일은 이념의 문제부터 세금 등 경제적 문제를 포함하여, 다양하고 그 폭이 가장 넓다고 할 것이다.

## 4) 사회의 역설, 역기능, 모순

누차 언급한바, 사회의 목적은 구성원의 행복과 평화다. 그런데 실생활에서는 사회가 구성원을 괴롭히는 일이 발생한다. 이는 결국 앞에서 다룬 사회의 문제지만, 일견 옳은 듯하면서 사회에 크게 영향을 주므로 다시한번 다룬다. 예를 들면, 위대한 독일을 위한 나치즘, 일본의 세계대전 참여(대동아 평화를 위한다는), 교주를 위해 신도들의 희생을 강요하는(물론 신도들의 천국행을 가장하지만) 경우 등이 있다. 또, 개인이 국가나 지방자치단체에 바치는 세금이 과다하거나, 개인의 자유를 과도하게 억제하고 법규/규정을 지키는 일이 너무 어렵다든가, 직장에서 부여받은 임무수행에 어려움이 있거나, 업무 수행에 많은 스트레스를 받는 일 등이 그렇다. 사회의 모순이 발생하지 않도록 또는 없어질 때까지 사회는 끊임없

인생은 플러스(+)다

이 노력하여야 한다.

이러한 일은 왜 발생하며, 각 개인은 어떻게 대처해야 하는가 생각해 보자.


### (1) 사회 역설의 원인

**사회의 잘못**

- 사회의 상황과 변화가 비정상이거나, 목표가 과도하거나 불합리할 경우
- 사회의 규율이나 관리자가 구성원에게 과도하거나 잘못된 의무를 강요하는 경우

**구성원의 잘못**

- 구성원의 능력이 사회 기준에 상당히 못 미치는 경우
- 구성원의 요구가 사회 기준을 상당히 넘는 경우

**외부 사회의 문제**

- 환경이 예상외로 열악한 경우(전쟁, 자연재해 등)
- 외부 환경이 급격히 변하는 경우(외부 사회의 강압 등)


### (2) 사회 역설의 대처

**사회의 잘못**

- 사회 목표의 수정이나 규정의 변경/완화, 건의/투쟁, 사회 구조 변화/개혁

**구성원의 잘못**

- 구성원의 능력의 함양 및 욕망의 자제, 구성원 구조 변화 및 개선

**외부 사회의 문제**

- 구성원의 능력 향상 및 단결과 환경 개선을 위한 노력/분투/투쟁이 필
  요함

**사회로부터의 도피**

- 사회 적응이 어렵고, 많은 복잡한 문제에 당면하면, 소극적이고 차선
  책이 될지는 모르지만 해당 사회를 떠날 수도 있다.

인생은 플러스(+)다

# 3. 사회생활

앞에서 사회에 대하여 조금 알아보았지만, 사회를 알아야 하는 이유는 잘못된 사회를 개조하기 위해서보다는 결국 내가 사회생활을 잘하기 위함이다. 인생은 인간이 세상에서 살아가는 과정으로 사회생활과 거의 동의어로 느껴진다. 인생에서 사회생활이 아닌 시간은 혼자서 고독을 즐기거나 견디는 시간과 홀로 진리를 음미하고 연구하고 즐기는 시간과 자연을 즐기거나 무료하게 보내는 시간과 늙어서 홀로 죽음에 대비하는 시간뿐 아닐까 생각한다. 사회생활이 인생에서 대부분을 차지하고 중요함은 더 말할 필요가 없다.

## 1) 사회생활의 구분

사회생활은 복잡한 주제이므로 다음 4가지 사회생활 단계 및 특이 상황 5가지로 구분해 보면, 사회생활을 좀 더 잘 이해하기에 편리하고 유용하다.

### (1) 만남
만남은 사회생활을 위한 준비가 되기도 하고 시작이 되기도 한다. 그만큼 만남은 중요하다. 만남은 필연적일 수 있고, 의도적일 수 있으며, 우연일 수도 있다.

## (2) 사회 진입

자연적으로 진입하는 대표적인 사회는 가족과 국가다. 물론 국적을 옮기는 일은 별개다. 사회를 자신이 만들어 구성원이 되는, 즉 사회를 설립하는 경우도 있다. 일반적으로 사회에 진입하기 위해서는 일정한 자격, 능력 등 조건을 만족시켜야 한다.

## (3) 사회 적응(본격적인 시회생활)

어느 사회의 구성원이 되어 본격적인 사회생활을 시작하면, 구성원의 역할을 잘하기 위해, 자신의 만족(승진/승격, 적재적소 등)을 위해, 또 사회의 유지와 발전을 위해 노력하여야 한다.

## (4) 사회 이탈

사회가 나에게 맞지 않으면 그 사회에서 탈퇴할 수 있다. 사회가 나를 퇴출시킬 수도 있다. 사회가 와해되는 경우도 있다. 부분적인 사회 이탈도 있을 수는 있지만, 이는 사회 이탈이라고 보지 않는다. (예를 들면, 부모로부터 경제적인 독립을 위한 분가)

## (5) 기타(특이 상황)

악한 사회를 파괴하거나, 우리 사회 밖으로 몰아내는 일도 사회생활의 일부지만, 이는 특이한 경우로 보아야 할 것이다.

인생은 플러스(+)다

## 2) 바른 사회생활

### (1) 만남

만남은 인생 초년에는 적지만, 청년 중장년에 많아지고 노년에는 줄어든다. 많은 사람을 만나는 것이 인생에 도움이 되겠지만, 만남에 따른 시간과 노력이 필요하고 만남 후에 관계 유지를 위한 노력과 정성도 필요하므로 무조건 많이 만나야 좋은 것도 아니다. 또 좋은 사람은 많이 만나야 하지만, 나쁜 사람은 가급적 피해야 한다. 좋은 사람과 나쁜 사람을 구분하는 능력도 인생의 기술이며 필요한 능력이다. 좋은 사람을 만나는 방법 중의 하나는 좋은 사람의 소개나 추천을 받는 것이다. 만남은 인간관계 시작이고 어떤 면에서는 어려움을 자초하는 일이기도 하다. 그래서 내성적인 사람은 만남을 두려워하는 경우도 많다. 그러나 만남은 사회생활의 시작이고 인생에 꼭 필요한 일 중의 하나로 약간 적극적일 필요가 있다. 옛말에 "남자는 집안에만 있으면 안 된다."라고 했는데 요즘에는 여성들에게도 해당하는 말이다. 외부 활동의 시작인 만남을 강조한 말이라고 생각된다.

### (2) 사회 진입

사회 진입은 만남과 마찬가지로 무조건 좋은 일만은 아니다. 좋은 사회와 나쁜 사회의 구분이 필요하다. 일단 어떤 사회에 진입 또는 가입하면 쉽게 빠져나올 수 있으리라고 생각해서는 안 된다. 사회에 진입하기 전에, 그 사회의 좋고 나쁨, 장단점, 나와의 어울림 등을 조금이라도 생각해보아야 한다. 그래야 진입 후에 오래 좋은 인연으로 관계를 유지하고, 서로 도움이 될 수 있다. 나에게 맞는 사회를 알아보는 일도 내 능력이며, 멘토의 도움이 필요한 일이다. 그러나 역시 소극적이기보다는 적극적일 필요가 있다. 특히 젊을 때에는.

대표적인 사회인 가족, 직장, 국가 중에서 진입이 어렵고 조건이 붙는 사회는 직장이다. 좋은 사회일수록 진입이 어렵고 진입 조건이 까다로울 것이다. 그래서 우리는 가정, 학교 등에서 사전 교육을 받고 개인적으로 노력하는 것이다. 진입 조건은 사회마다 다르겠지만, 제2부 나는 누구인가? 2. 현재의 나에서 기술한 개인 정보 항목 중의 일부가 될 것이다.


### (3) 사회 적응

일단 한 사회의 구성원이 되면 그 사회에 적응하기 위해서 노력한다. 그 사회에서 성공하기 위한 노력도 적응 노력의 일부다. 그 사회를 개선하고 발전시키는 일도 적응의 일부다.

원시 사회에서는 사회 적응이 비교적 단순했을 것이다. 구성원은 가족이나 이웃이었고, 구성원에 필요한 능력은 일반 노동력 수준이었을 것임을 쉽게 짐작할 수 있다. 사회가 발전하고 커질수록, 구성원이 사회에 가입하여 적응하는 일이 쉽지 않게 되었다고 볼 수 있다. 현대에 이를수록 사회의 구성 요소 3가지, 즉 구성원, 목적/목표, 규율이 모두 복잡해지고, 구성원에게 필요한 능력이 특화되거나 전문화되고 고도화되기 때문이다. 구성원 간에 처음 대하거나 잘 모르는 사람이 많고, 사회의 목적에서도 비교적 단순한 구성원의 행복과 평화에 복잡한 사회의 유지와 발전이 포함되었기 때문이기도 하다.

구성원이 사회에 잘 적응하여 사회의 목적 달성에 기여하려면, 첫째 사회를 잘 알고, 구성원 간에 효율적으로 협력하고 하여야 한다. 둘째 구성원은 사회의 규정을 잘 알고, 바르게 적용하며(규율의 내용도 중요하지만, 못지않게 올바르고 효과적인 운용이 중요하다.) 사회의 목적/목표를 달성하기 위해 필요한 능력을 갖추고 있어야 한다. 구성원이 사회 적응을 잘하기 위해 필요한 분야를 간단히 표현하면 인화와 능력이라고 할 수 있다.

① 인화: 사회 규율의 이해와 구성원 간의 협력(인간관계 또는 대인 관계)

② 능력: 목적/목표와 달성을 위한 능력

사회의 이해, 목표의 이해, 구성원 간의 협력은 어렵다고 할 수도 있지만, 비교적 쉽게 이해할 수 있고, 단기간의 노력으로 많은 향상을 보일 수 있다고 생각된다. 그렇지만 현대 사회에서 필요한 능력은 쉽게 습득하기가 어렵다.

옛날에는 지덕체(智德體)를 필요한 능력의 덕목으로 보았고, 조금 더 구체적인 필요 능력을 신언서판(身言書判)으로 보기도 했다. 물론 신체 건강하고, 말이나 글로 표현력 설득력이 있으며, 판단력이 좋은 것은 지금도 필요하고 중요한 능력이다. 하지만 근대에는 더욱 전문적인 능력(기술력 등)이 필요하게 되었고, 새로운 능력과 창의력이 필요한 시대가 되었다.

도구의 활용을 예로 들면, 옛날에는 칼과 창과 활을 활용하고 호미와 삽을 이용했다면, 현대에는 트랙터, 컴퓨터, 로봇 등의 활용에 더하여 더욱 새로운 자동화, 전산화, 인공지능(AI) 및 로봇의 개발과 활용이 현실이 되고 있다.

따라서 교육의 필요성은 더욱 확대되고 전문화 등으로 심화되었다고 할 것이다. 시대 상황의 변화에 대응하기 위해서, 기본 교육이 탄탄하고, 수시로 재교육 및 신교육에 임해야 한다. 사회가 모두 잘 감당하리라 믿

고만 있어도 안 된다. 스스로 자기 개발에 힘써야 한다. 한마디로 "깨어
있어라!"라는 말이 여기에 꼭 맞는 말 같다. 항상 최선을 다해 노력해야
하는 우리다.

하지만, 구성원이 사회를 필요로 하듯이, 사회도 구성원이 필요하고 구
성원의 적응이 필요하므로, 사회도 구성원의 적응을 (교육 훈련 등으로)
돕는다.

### (4) 사회 이탈

구성원이 사회에 잘 적응을 못하면, 그 사회와 거리두기를 택하거나, 결
별/탈퇴를 고려해 보아야 한다. 거리두기는 사회에 소극적으로 참여하거
나 의무를 소홀히 함을 의미한다. 적당한 기간 동안 사회와 거리두기를
하면서 경과 및 추이를 보고 그 후의 재가입이나 결별/탈퇴를 결정하게
될 것이다. 거리두기는 사전에 통보하고 할 수도 있고, 사전 통보 없이 행
할 수도 있다.

"절이 싫으면, 중이 절을 떠난다."고 한다. 어쩔 수 없을 때에, 구성원은
사회를 떠난다. 회사의 입장에서는 해고/해임이며, 개인의 입장에선 사
직/퇴직이다.

사회와의 거리두기/결별/탈퇴는 경우에 따라 다르기는 하나 생각보다
많은 또는 예상치 못한 손해, 피해나 후유증을 가져올 수 있음을 알아야
한다. 따라서 사회와의 거리두기/결별/탈퇴는 대부분의 경우 신중하게 다
루어야 한다. 최소한 SWOT 분석*은 해 보아야 할 것이다. 그러나 나의 이

---

\* 강점(strength), 약점(weakness), 기회(opportunity), 위협(threat)의 머리글자를 딴 분석 방법으로,
어떤 안의 강점과 약점 및 기회와 위협의 가능성을 검토하는 분석 방법이다.

인생은 플러스(+)다

익을 크게 훼손하고 나의 안위나 행복을 심각하게 해치는 사회와의 거리두기/결별/탈퇴를 불가능하다거나 정립된 의리를 배반하는 나쁜 결정이라고만 생각할 필요는 없다. 결론적으로 사회와의 결별/탈퇴는 심사숙고는 물론 좋은 지인들의 의견을 경청한 후에 결정하는 것이 좋을 것이다.

너무 많은 사회에서 활동을 하는 일이나, 막중한 업무의 관리자로서 활동을 하게 되면 자신에게 부담이 되어 사회의 목적을 달성하지 못할 수 있다. 따라서 너무 많은 사회에 관여하거나 너무 막중한 업무를 맡는 일도 심사숙고할 대상이다. 많은 사회에서 활동하는 일이 더 많은 좋은 일을 하는 것도 아니고 더 좋은 경과를 내는 것도 아니다. 사회의 성공이 개인의 행복에 반할 수도 있다. 특히 나이가 들어 활동량이나 활동 효율이 떨어지면, 일부 사회와의 거리두기/결별/탈퇴가 필요하다. 대표적으로 나이가 들면, 사회생활이 어려워진다. "현자는 나설 때와 물러설 때를 안다."는 말은 어렵지만 중요한 말이다. 또 물러설 때와 나설 때를 잘 판단하기도 하여야 하지만, 그 명분이나 해명이 필요할 때도 많다.

사회의 잘못이 크다면, 그 사회를 해체하거나 괴멸시키는 일도 사회생활의 중요한 일부가 될 수 있다.

### 〈생각해 볼 점〉

1) AI, 로봇이 활발하게 이용될 경우, 사회생활은 어떻게 변화할 것인가?
2) AI, 로봇이 활발하게 이용될 경우, 사회생활 중에서 인간관계 및 그 중요성은 줄어들 것인가?

# 4. 사회생활의 원리

## 1) 협력의 원리(사랑의 원리)

사회는 구성원들이 서로 힘을 합쳐 협력함으로써 공동의 목적과 구성원의 행복을 이루기 위해 만들어졌다. 때로는 일부 구성원이 좀 더 힘들고 어려운 역할을 할 때도 있다. 아니 일시적으로 손해를 보는 경우도 있을 것이다. 그러나 결과적으로 협력하여 사회가 성공하고, 그럼으로써 구성원 각자가 노력하여 얻는 결과보다 사회를 이루어 이룩하여 얻는 구성원의 결과가 좋다면 사회는 본래의 목적을 달성하여 성공한 것이다. 나만의 이익을 고집하거나, 내가 다른 구성원보다 더 큰 이득을 취하기 위해 다투다가 사회의 협력이 깨져 모두가 손해 보는 일은 없어야 한다. 지금 조금 양보하는 대신에 뒤에 다른 것을 취함으로써 서로가 win-win하는 협력의 원리가 사회에 필요한 것이다. Give and Take 법칙이라고도 할 수 있다. 특히 외부 사회와의 협상의 기술(Negotiation Technique)은 Give and Take이다. 협상을 할 때에는 내 요구 사항만 가지고 가면 필패한다고 하며, 상대방이 원하는 것을 파악하고 협상에 임해야 한다고 한다. 상대와 경쟁이 필요하다고 생각할 때에, 경쟁보다는 협력을 먼저 생각해 보는 일이 현명한 경우가 많다.

인생은 플러스(+)다

협력의 원리는 구성원 간의 사랑에 기초하므로 사랑의 원리라고도 한다. 사회는 구성원 간의 사랑으로 구성되어야 한다. 협력의 원리는 내부 협력과 외부 협력으로 나누어 생각할 수 있다.

## 2) 경쟁의 원리(힘의 논리)

사회에 사랑과 협력만 있는 것이 바람직할 것이다. 그러나 인간의 제2 본능인 비교 욕망의 본능이 있어 구성원 간에 또 외부 사회와 경쟁을 피할 수 없다. 그런데 어떤 면에서는 경쟁이 필요하다. 변증법 또는 정반합(正反合)의 사회발전 논리에 의하면 정명제와 반명제가 논의를 거쳐 합명제를 지양하여 발전을 이룰 수 있다는 것이다. 이러한 경쟁을 선의의 경쟁이라고 할 것이다. 치열한 경쟁에서 우위를 점하려면, 능력을 키워야 한다. 내 능력이 경쟁 상대의 능력에 비해 우위에 있으면 경쟁에서 이길 수 있다. 경우에 따라서는 경쟁을 회피하는 방법도 있다. 그러나 경쟁을 회피하는 방법을 택할 때에는 좀 더 숙고하여야 한다. 혹시 게으름이나 너무 쉬운 결정을 하는 것은 아닌지, 지금은 평화롭지만, 후에 더 큰 경쟁을 걱정해야 하는 것은 아닌지, 숙고 재고 하여야 한다.

### (1) 내부 경쟁의 원리(선의의 경쟁)

앞에서 얘기했듯이 사회는 어쩔 수 없이 관리자(leader)와 일반 구성원으로 이루어진다. 그리고 관리자가 조금 더 중요하다고 할 수 있다. 그래서 아무래도 관리자가 되려는 사람이 더 많다. (또 관리자든 일반 구성원이든 구성원 각자의 역할이 다를 수 있으며, 인간의 본능상 쉽고 유리한

역할이나 지위를 갖기를 원한다. 이럴 때에도 경쟁이 발생한다.) 어쩔 수
없이 경쟁이 벌어진다. 이것을 내부 경쟁의 원리라고 한다.

### (2) 외부 경쟁의 원리(약육강식의 법칙)

사실 내부 경쟁이 있기 전에 외부 경쟁이 먼저 있다고 할 수 있다. 국가
간의 영토 분쟁이나, 동종 산업계에서의 시장 확보 전쟁을 예로 들 수 있
으며, 자연과의 경쟁 등이 외부 경쟁의 예이다. 동물 사회에서의 살아남
기 위한 치열한 경쟁은 약한 동물이 강한 동물의 먹이가 된다는 의미로
약육강식의 법칙이라고도 한다.

## 3) 변화와 관리의 원리(자연의 법칙)

사회는 관리가 필요하다. 가만히 있어도 사회가 존재하고 유지되고 발
전하는 일은 없다. 사회의 관리는 내부 관리와 외부 관리로 나눌 수 있다.
독립적인 사회도 있지만, 상부 사회에 종속되거나 관리를 받는 사회도 있
다. 외부의 영향을 특히 많이 받는 사회도 많이 있다.

사회의 환경은 항상 변하고 있다. 관리자와 일반 구성원은 이 외부의 환
경변화를 관찰 및 조사를 하고 대응책을 강구하여야 한다. (외부 관리)

사회의 내부는 변하고, 사회는 특히 내부 관리가 필요하다. 사회는 관리
자(leader)와 일반 구성원으로 구성된다. 사회의 유지 발전과 구성원의 행
복을 위해서는 관리자와 일반 구성원 모두가 중요하다. 하지만 역시 관리
자가 더 중하다고 할 수 있다. 관리자가 잘못하면 사회가 급속도로 악화
되거나 와해될 수 있지만, 일부의 구성원의 잘못은 사회에 큰 영향을 주

지 않을 수가 있기 때문이다. 아무튼 관리자는 중요하고 좋은 관리자를 정하는 데에 구성원과 사회는 심혈을 기울여야 한다. 그런 면에서 **구성원은 판별력을 키우고 옳은 정보와 지식**을 갖추어 관리자를 관찰, 감시하기도 하면서 적극적으로 관리자를 돕고 협력하여야 한다. 관리자는 필요하면 구성원을 퇴출시킬 수 있다. 그렇지만 일반 구성원도 관리자를 관찰 감시하고 관리자의 변화를 요구할 수도 있어야 한다.

사회의 변화에 적용하기 위해 구성원들은 변해야 한다. 제2부 인생의 주체(나는 누구인가?)에서 강조했듯이 나는 변한다. 아니 우리 모두는 항상 변하고 또 적극적으로 변해야 한다.

## 4) 미지의 원리(미지의 사회)

### (1) 희망의 원리(긍정의 원리)

인생은 자주 범선을 타고 바다를 여행하는 항해에 비유된다. 인생이 어렵고 변화가 많기 때문이지만, 인생은 예상은커녕 전혀 생각지도 못한 변화가 발생하기 때문이기도 할 것이다. 미지의 엉뚱한 사건이 자연에서도 발생하지만, 현대 인간 사회에서 더 많이 발생한다. 재미있는 것은 미지의 엉뚱한 변화/사건이 꼭 나쁜 것만은 아니라는 것이다. 미지의 원리는 불운 및 불행도 포함하지만, 기적 같은 요행, 행운, 횡재, 천운이 더 많이 발생한다. 좋은 사회일수록 그렇다. 실제 성공한 사람들의 이야기를 들어 보면, 자기 능력만으로 성공했다는 사람보다 운이 좋아 또는 우연히 다른 사람의 도움을 받아 성공했다는 사람이 많다. 따라서 사회 미지의 원리는 희망/사랑/긍정의 원리라고 할 수 있다. 이유는 A가 B를 도와주고 밀어주면, B가 C를 도와주고 밀어주고, C는 A를 도와주고 밀어주어, 모두가 모두를 위해 도와주고 밀어주는 것과 같기 때문이다. 우리는 그저 조건 없이 다른 사람을 사랑하고 도와주고 밀어주면 된다. 이타주의가 이기주의가 됨을 믿고 행동하면 된다. 내가 직접 도와주지 않은 사람이 내가 모르는 사람이 나를 돕기 때문에 이것을 미지의 원리라고 한다.

### (2) 겸손의 원리

겸손은 예의 바름만을 뜻하지는 않는다. 예의 바름이나 자신을 낮춤은 소극적인 겸손이다. 제대로의 겸손은 적극적인 겸손을 뜻한다. 즉, 나의 부족함을 인식하여 부족함을 보충하고 좀 더 유능하고 사회에 도움이 될 수 있는 사람이 될 수 있도록 노력하는 자세를 뜻한다. 겸손하여 타인의 무시를 당하는 수가 있는데 이는 적극적인 겸손의 부족 때문이다. 참된 겸손은 자신을 충실하게 키우고 사회에 공헌하는 필수 도구이며 진리 그자체라고 할 수 있다. 겸손의 원리가 미지의 원리에 속하는 이유는 긍정의 원리와 같다. 즉 겸손으로 미지의 사회에 공헌하면 결과적으로 나에게 그 이익이 돌아오기 때문이다.

### (3) 순명의 원리

인생에서 우리는 때로 거부하기 어려운 역경에 처하기도 한다. 대표적인 예가 예수의 십자가형일 것이다. 예수는 억울한 십자가 형벌을 인류를 위한 대속으로 받아들였다. 순명은 순종과 다르다. 순종이 무조건 따르는 것이라면, 순명은 옳은 뜻으로 받아들이고 숭고한 일을 하는 것이다. 거부하기 어려운 역경을 당하면, 더욱 정의를 위해서 헌신하는 자세로 받아들여 역경을 이겨야 한다. 부모는 순명의 정신으로 자식을 위해 무슨 일이라도 하는 것이다. 동물도 엄청난 역경을 당하면 새끼들을 위하여 죽음을 무릅쓴다.

〈생각해 볼 점〉

**1) 다수결의 원칙**

사회에서 의사 결정을 할 때, 다수의 의견을 따르는 방법이 다수결의 원칙이다. 의사를 통일하는 민주주의의 기본 원칙 가운데 하나지만, 다수의 의견이 언제나 진실은 아니므로 다수결 원칙의 적용에 신중하여야 한다.

**2) 선거 제도**

지도자나 관리자를 뽑을 때, 선거(투표)에 의한 다수결을 많이 이용한다. 다수결이 문제가 되기도 하지만, 비교적 좋은 선거 제도라고 하는 보통, 직접, 평등, 비밀 투표 제도도 항상 옳은 것은 아니다. 대안이나 보완하는 방법은 무엇일까?

제4부

인생의 환경 2
(자연)

# 1. 자연의 구성

세상의 모든 것을 자연, 대자연 또는 우주라고 한다. 현대 과학에서 우주는 물질과 에너지로 구성되었다고 한다. 우주는 시공간의 4차원 개념으로 이해된다. 모든 물질과 에너지를 포함한 우주를 자연이라고도 한다. 이 자연보다 더 넓은 개념을 대자연이라고 하자. 즉 대자연은 일반 자연의 개념에 혹시 우리가 모르고 있는 것까지 포함한 개념을 말한다. 즉 개념의 크기로 말하면, **우주 ≦ 자연 < 대자연**이 될 것이다. 하지만, 편의상 대자연을 때때로 자연이라고 줄여 사용하기로 하고, 또 때때로 자연과 대자연을 혼용하기로 한다.

## 1) 우리가 모르는 대자연

대자연은 우주보다 넓은 개념으로 거기에는 우리가 모르는 그 무엇이 더 있다고 생각된다. 그 무엇은 암흑물질, 반물질 및 영(靈)을 포함할 수 있다. 이론적으로 〈부록 1〉 우주의 생성 이론에서 수학적으로 유추한 영이 대자연에 존재함을 확신할 수 있다. 영의 존재 여부는 이 책의 주제가 아니므로, 부록으로 대체한다.

인생은 플러스(+)다

## 2) 상식적 자연환경

### (1) 우주

우리가 살고 있는 지구는 태양계의 한 위성이며, 이 태양계가 속해 있는 은하에는 천억 개 이상의 별로 구성되어 있다고 한다. 이 우주에는 다시 천억 개 이상의 은하계가 존재한다고 한다. 우주의 크기는 숫자로 대략 450억 광년이며, 대략 137억 년 전에 빅뱅에 의해 생성되었고 그 크기는 팽창 중이라고 현대의 과학자들은 추정한다. 현대 과학자들이 추정하는 우주의 영향은 중력파, 자기장 및 방사선만을 고려하지만, 우주에는 우리가 익히 알고 있는 물질과 에너지 외에 반물질(antimatter)이 있다는 것까지 알려졌다. 아무튼 우주는 인간이 상상할 수 없을 만큼 크므로, 그 영향력은 우리가 상상하기 힘들 만큼 막강하다.

### (2) 태양계

태양은 크기가 지구 질량의 약 33만 배이고, 지구에서 약 1억 5천만 킬로미터 떨어져 있다. 빛의 속도(약 30만 km/초)로 약 8분 거리다. 지구가 태양에서 떨어져 나왔으니 그 크기가 큰 것은 당연하지만, 그 영향력 또한 대단하다. 지구의 거의 모든 에너지는 태양으로부터 온다. 식물은 태양의 에너지를 받아 살고 있고, 동물은 동식물을 먹고 살아간다. 에너지뿐 아니라, 태양의 중력, 자기장 등의 영향도 막강하다. 인간도 당연히 태양의 지대한 영향하에 살아간다. 특히 계절의 변화, 밤낮의 변화, 기후, 조수 간만의 변화 등의 물리적인 영향은 물론하고 물질의 화학적 변화도 태양의 영향이 크며, 인간 및 동식물의 심리적 또는 물리적 변화에도 관여

한다.

그러나, 우리가 태양에 대해 아는 것은 거의 없다. 태양 흑점의 변화가 지구에 영향을 주는 것도 잘 모르니, 태양 내부의 변화는 당연히 아무것도 모른다.


### (3) 태양계 위성

수성, 금성, 지구, 화성, 목성, 토성, 천왕성, 해왕성, 명왕성, 우리가 수금지화목토천해명으로 외운 태양계 위성도 잘 모른다. 지구와 가장 가까운 화성이나 금성, 특히 지구와 환경 조건이 비슷하다는 화성에 대한 연구와 소사가 조금 진행되고 있는 상황이다.


### (4) 지구와 달

지구는 반지름이 약 6천 킬로미터인 공 모양이다. 세계에서 가장 높은 산인 에베레스트산의 높이가 약 8.8 킬로미터이고, 가장 깊은 바다의 깊이가 약 10 킬로미터이며, 비행기의 고도가 약 15 킬로미터라니, 지구가 얼마나 큰지 감이 온다.

달은 지구에서 떨어져 나갔다고 생각되며, 지구에서 약 38만 킬로미터 거리에서 지구 주위를 돌고 있다(빛이 약 1초에 가는 거리). 크기는 지구 질량의 80분의 1로 반지름이 약 1천 7백 킬로미터의 공 모양이다. 달과 해의 중력에 의해 조수 간만이 발생하며, 인간에게 달은 물리적인 영향도 크지만 정서적인 영향력이 더 크다고 볼 수 있다.

인생은 플러스(+)다

## 3) 인류의 터전 지구

지구는 중심핵, 맨틀, 지각으로 구성되어 있다. 맨틀은 지구 반경의 반을 차지하고 지구 질량의 약 80 퍼센트를 차지하며, 열을 발생하고 있다. 화산과 지진의 요인이 되는 마그마를 만들어 낸다. 지각의 평균 두께는 약 30 킬로미터이고, 화강암, 현무암 등의 암석이 주를 이룬다.

### (1) 대기

대기는 지표에서 약 100km 두께의 공기층을 말한다. 대기(공기)도 지구의 구성 요소이고, 생물에는 지표만큼 중요할뿐더러 생물에 산소, 질소, 습기, 물(비) 등을 공급한다.

### (2) 지표

표토와 지각, 바다, 강, 지하수 등으로 구성된다. 생물에 영양을 제공하고, 인류에게는 각종 광물과 에너지를 제공한다.

### (3) 동물, 식물, 미생물

동물과 식물은 지구 환경을 풍요롭게 하며, 인류와 조화를 이루며, 우리 삶에 필요한 먹거리의 대부분을 제공한다. 위험하거나 해로운 동식물도 있지만 그러한 동식물도 인류에 무익하다고만 할 수는 없다. 다시 말해 동식물과 인간은 조화를 이루며 살아가야 할 공생관계라고 할 수 있다. 미생물도 일견 보기에는 병을 일으키는 원인으로 유해한 생물이라고 생각되지만, 유익한 미생물도 많고 유해하다고 생각되는 미생물도 멀리 넓게 보면 인류에 도움이 되어 역시 인간과 조화를 이룰 필요가 있다.

### (4) 기타 지구에 관한 정보

앞에서 조금 아는 척했지만, 지구의 내부는 물론, 깊은 바닷속, 대기의 움직임, 지표의 정보, 동물, 식물, 미생물의 분포와 변화 등, 우리가 모르는 것을 나열하면 끝도 없을 것이다. 화성에 관심을 두기보다 먼저 지구를 더 관찰하고 조사하고 연구하자는 주장이 이해가 된다.

### (5) 인간

인간도 당연히 자연의 일부이지만, 한 사람 인생의 관점에서는 사회로 분류하여 별도로 취급한다.

### (6) 시설, 조형물

인구가 증가할수록 도시가 발달할수록 건축, 사회시설물, 운송 도구 등 인간이 만든 조형물이 증가한다. 이들 조형물은 필요하지만 위험물이 되기도 한다. 이들도 자연의 일부가 된다.

우리의 환경을 대충 살펴보았지만, 겉보기에 우선 당장 인간에게는 먹거리, 에너지, 삶에 필요한 물건을 만드는 원재료, 물과 공기가 환경의 중요 요소라고 생각된다. 그러나 우선 당장 필요한 것이 아니지만 더욱 중요한 것이 있을지도 모른다. 예를 들면, 푸른 하늘과 흰 구름, 밤하늘에 반짝이는 별들, 푸르른 숲, 라일락의 향기, 채송화 백일홍 분꽃 등 다채로운 색깔의 꽃들, 여유로운 듯 날아가는 새들, 여름을 시끄럽게 만드는 매미의

인생은 플러스(+)다

울음소리, 가을을 차분한 명상의 시간으로 이끄는 귀뚜라미 소리, 바다의 무심한 파도 소리, 세상을 씻어내는 비바람, 가을 산을 물들이는 단풍, 겨울 세상을 하얗게 덮는 흰 눈, 바삐 내 곁을 지나가는 나와 무관한 듯한 사람들, 소리 없이 흐르는 변화와 시간들, 이 모든 것들이 우리에게 정서적으로 정신적으로 더욱 중요한 것일지도 모른다. 의식주와 생로병사의 문제나 성공한 인생보다 진리의 인생이 더욱 중요할 수도 있듯이, 정서적인 환경이 물질적인 환경보다 더욱 중요할 수 있다는 사실을 알아야 한다. 이런 정서적인 환경이 우리 건강에 영향을 주고, 생활에도 영향을 주며, 인간관계에 영향을 주고, 꿈과 죽음에도 영향을 주지 않는다고 누가 말할 수 있는가?

여기서 중요한 결론을 하나 내고 넘어가자.

세상의 모든 것과 모든 현상들이 나와 연결되어 있고, 나의 생각과 말과 행위의 영향을 받고 나의 생각과 말과 행위에 영향을 많든 적든 되돌려준다는 사실이다. 즉 모든 환경과 변화를 겸허히 이해하고 받아들이고 나와 대자연이 조화를 이루도록 노력하여야 한다는 사실이다.

# 2. 자연과 인간

## 1) 자연의 혜택/위험

　자연은 삶의 터전으로 인생을 감싸고 있다. 한순간이라도 자연을 배제한 인생이나 인간은 상상조차 할 수 없다.

　자연은 인간의 삶에 필요한 모든 것을 공급해 준다. 동시에 자연은 인간의 생명을 좌우한다. 따라서 인간은 자연의 혜택을 연구하고 적응하고 활용하여야 하고, 자연에서 올 수 있는 위험을 피하거나 적절히 대응하여야 한다.

　대체로 자연의 혜택이나 위험은 사회가 공동으로 이용하거나 대처하게 된다. 그래서 개개인의 관심이 줄어들기 쉽다. 그러나, 개인적으로 이용하거나 대처해야 할 경우도 많으므로, 개개인도 많은 관심을 가지고, 자연 및 자연 현상에 관한 정보를 수집하고, 관찰하고, 연구하고, 공유하여 잘 대처해야 한다.

### (1) 자연의 혜택

　자연은 생명체에 먹거리를 제공한다. 인간은 자연으로부터의 물질로 인간의 삶에 필요한 온갖 재료를 구한다. 생명체에 필요한 공기도 자연이 공급한다. 물도 생명체에 꼭 필요하며 자연이 제공한다. 자연은 또 인간의 생활에 필요한 재료와 에너지를 공급한다. 자연은 있는 그 자체로 또는 변화로 인간에 쉼터가 되고 위로가 되고 즐길 거리가 되기도 한다. 즉, 자연은 삶의 환경을 제공한다. 인간은 자연 안에서 편안함과 포근함을 느낀다. 인간은 모든 것을 자연으로부터 배우고 응용한다. 인간이 대기 중에 숨을 쉬고 살아가면서도 대기의 고마움을 잘 모르듯이, 우리는 자연 속에 살면서 자연의 혜택을 잘 모르고 있다. 인류는 자연의 혜택을 잘 앎으로써, 자연을 더 잘 활용하여, 인류의 발전을 도모하고, 더 큰 행복과 평화를 추구할 수 있을 것이다.

자연이 인간에게 먹거리, 에너지와 물질만 제공하는 것이 아니다. 인류는 자연으로부터 생활의 모든 지혜를 배운다. 현대의 기술, 과학이 자연에서 유래하고 배운 것이다. 심지어는 미술, 음악 등 예술도 자연에서 시작되고 배우는 것이다. 앞으로도 자연은 인간에게 무한한 생각과 아이디어를 제공하고 창의력의 시작점이 될 것이다. "Look into Nature, and then you will understand everything better." 자연을 깊이 바라보라. 그러면 모든 것을 더 잘 이해할 수 있을 것이다. 알버트 아인슈타인이 한 말이다.

자연은 인간을 빚어낸 인류의 부모다. 자연은 인간을 창조했고, 인간은 자연을 배우며, 자연의 품에서 살아간다.


## (2) 자연의 위험

태풍, 폭풍, 폭우, 홍수, 폭설, 낙뢰(번개), 지진, 산사태, 붕괴, 산불, 너울성 파도, 가뭄, 음용수 부족, 폭서(심한 더위), 혹한(심한 추위), 화산 폭발, 자연발화에 의한 화재 등이 대표적인 자연에 의한 위험이다. 최근에는 지구의 온도가 올라 빙하가 녹고 기후가 변화하여 인류에 재앙이 될 수 있다고 한다. 인재라고도 하지만 아무튼 자연에서 오는 재해임에 틀림 없다.

앞에서 언급한 대표적인 자연재해에 의해 2차적으로 발생하는 농작물의 피해, 가옥의 침수 및 파괴, 인명피해도 자연의 위험이다.

우주에서 오는 방사선, 자기장, 과한 자외선, 중력의 변화, 지구 자기장의 변화 등의 영향은 미미하거나 잘 알려지지 않은 자연의 위험이지만, 혜성 등의 충돌 위험은 지구가 멸망하는 큰 위험이 될 수도 있다. 자연의 위험이 언제 어디서 어떻게 발생할지 모르는 불안과 공포는 정신적 위험이 된다.

삼재(三災) 즉 전쟁, 질병, 기근 중에서 전쟁은 사람이 일으키는 것이겠지만, 질병은 대부분 자연이 야기한다고 보며, 질병의 원인인 미생물은 자연환경에 의해 변하기도 하여 인간에 커다란 위험이 된다. 흉작을 포함하여 생태계의 변화는 인간이 야기하기도 하지만 자연의 직간접적인 영향으로 발생하며 인간에 큰 위협이 되고 있다. 일부 동식물의 과도한 번성이나, 감소도 인류에 큰 해를 끼칠 수 있다. 현대 과학의 발달로 원시시대에 비해 자연의 위험이 많이 줄었고, 대비하는 인류의 능력도 많이 향상되었다. 그렇지만, 아직도 자연의 위험은 인류에 큰 공포로 남아 있다.

자연의 재해에 인간은 최선을 다하여 지혜를 모아 대비하여야 한다. 자연의 재해에, 인간은 불만으로만 대하지 말고, 재해에 대응할 능력을 키우는 또는 능력을 키우기 위한 시련이며, 부모가 자식을 강하게 키우는 훈련의 과정이라고 받아들일 줄도 알아야겠다.

인생은 플러스(+)다

## 2) 자연의 이용과 인간의 문제점

자연은 우리에게 부족함이 없이 물질과 환경을 제공하는 것 같은데(자연의 위험이 없는 것은 아니지만), 인간의 삶이 행복한 것 같지만은 않다. 인간의 지혜 및 지식의 부족이 원인이기도 하지만, 주 원인은 인간의 탐욕이다. 제1부 인생의 본질에서 인간의 제2 본능인 욕망의 본능은 인류의 발전을 위해 필요한 본능이다. 이 욕망의 본능이 자연에 대한 소유욕과 지배욕을 유발한다. 이 욕심이 지나쳐 탐욕이 되면 인류의 행복을 저해한다.

### (1) 국가와 영토

인간을 위한 대표적 사회 중 하나인 국가는 영토, 영해, 영공을 정하거나 주장하며 자연환경의 소유와 지배를 주장한다. 그러므로서 이웃 또는 타 국가와 영토 분쟁을 야기한다. 이로 인한 많은 문제가 수없이 크게 발생하는데도 불구하고, 비교적 영리한 인류는 아직까지 해결책을 찾지 못하고 있다. 찾으려고 노력하지도 않는 것 같다. 영토 문제는 인간의 능력이 부족해서 해소가 안 되는 것이 아니고 과욕 때문인 것 같다. 인류의 어떤 현명한 해결책이 언제나 나올 수 있을까?

### (2) 개인의 소유권/지배권

국가뿐 아니라, 개인의 소유권도 많은 문제를 일으킨다. 특히 토지의 소유권은 국가의 영토 문제와 다를 바가 없다. 오히려 더 복잡한 문제로 발전하고 있다. 일부 이용권으로 대체하는 해결책이 나오기는 하지만, 아직 대부분의 토지 소유권/이용권 문제는 미결 상태로 보인다.

토지뿐 아니라 자연 자원 또는 제조품에서도 소유권 특히 독과점은 사회를 불행하게 하는 원인이 된다. 소유권은 인간이 만든 것에 한해서 일부 인정해야 한다는 대안이 있기는 하다. 일부라고 한 이유는 인간이 만든 것이라도 그 재료 및 환경은 자연에서 얻은 것이기 때문이다. 자연 이용료라는 세금을 이용하여 국제적으로 해결하는 방법은 없을까?

인생은 플러스(+)다

# 3. 자연의 법칙

인간이 대자연과 평화롭고 조화를 이루며 살기 위해서는 자연을 과학적으로 그 본질을 알고, 또 그 특성 내지는 본성을 잘 아는 일이 필요할 것이다. 자연의 피조물이 대자연을 알려고 시도하는 일이 가당치 않을지 모르겠지만, 지금까지의 노력만으로도 인간이 상당하다고 인간 스스로 감히 자위하고 자찬한다. 또 자연을 알려고 노력하는 자체는 나무랄 일이 아니고 칭찬받을 만한 일일 것이다. 다른 면에서 보면 대자연이 인간에게 그럴 만한 창의력과 상상력과 지혜를 주었다고도 생각된다. 아무튼 최대한 자연의 본질과 본성을 알아보고 인간이 자연과 조화롭게 사는 법을 알아보자.

현대 과학은 자연이 물질과 에너지와 아직 모르는 또는 발견되지 않은 그 무엇과 시공간으로 구성되어 있다고 이해한다. 빛은 물질이며 에너지로 현대 과학은 규명했다. (그 무엇을 부록 1에서 수학적으로 구하여 '영'이라고 정의했다.) 뒤에 더 언급되지만 시간은 변화다. 따라서 자연의 본질은 물질과 에너지와 영이며, 자연의 본성은 변화다. 물질과 에너지가 상호 영향을 주며 변화하고 움직인다. 영에 의한 변화는 아직 잘 알려지지 않았으나, 두 가지가 조심스럽게 예상된다. 첫째는 영(靈)과 어떤 물질이나 에너지가 합하여 무(無:null)가 된다. 둘째는 영(靈)이 인간의 마음에 작용하여 마음을 변화시킨다. 하나의 변화는 거의 무한한 또 다른 변화를 야기하고, 작은 변화가 큰 변화의 원인이 되기도 한다. ('나비효과'라고도 함) 자연의 본성인 변화에 세 가지 법칙이 알려져 있다.

① 제1 법칙: 변화의 법칙
② 제2 법칙: 인과의 법칙(원인과 결과의 법칙, 인과관계의 법칙)
③ 제3 법칙: 파급의 법칙

## 1) 변화의 법칙

**"세상의 모든 것은 변한다."** 이는 변하지 않는 진리다. 이 법칙은 "시간의 원리"이기도 한다. 왜냐하면 세상의 모든 것이 변하지 않으면, 시간은 흐르지 않기 때문이다. 수학적으로 표현하면,

[변화의 속도 = 변화량 / 시간]이라는 속도의 정의에서,

[변화량 = 변화의 속도 × 시간]

즉, 변화와 시간은 비례 관계이다. 다르게 표현하면, 변화가 시간이고 시간이 변화다. 시간 없는 변화는 없고, 변화 없는 시간은 없다. 변화는 인생 모든 문제의 화두다. 변화를 연구하는 일이 학문이고, 인생이 변화고, 변화가 인생이다. 변화(시간)보다 중요한 것은 없다. 세상의 모든 것이 변하므로 변화의 종류와 구분은 무한히 많다. 심각한 변화/하찮은 변화, 빠른 변화/느린 변화, 단순한 변화/복잡한 변화, 좋은 변화/나쁜 변화, 예상한 변화/예상치 못한 변화, 이로운 변화/불리한 변화, 물리적 변화, 화학적 변화, 심리적 변화, 사회적 변화 등등 그 종류를 헤아릴 수 없을 것이다. 그중에서 인생에서 가장 중요한 변화는 나의 변화와 환경의 변화이

인생은 플러스(+)다

고, 가장 중요한 구분은 능동적 변화와 수동적 변화다. 나의 변화에는 내가 주도하는 자발적 변화와 수동적 변화가 있고, 환경의 변화에도 내가 환경의 변화를 만드는 주도적 변화와 수동적 변화가 있다.

(1) 나의 변화
- 능동적 변화(자발적 변화): 예, 산책 계획 등
- 수동적 변화(피동적 변화): 예, 무의식 호흡 등

(2) 환경 변화
- 능동적 변화(인간 주도적 변화): 예, 나무 심기 등
- 수동적 변화(자연 발생적 변화): 예, 자연적 기후 변화 등
능동적 변화와 수동적 변화 중에서 어느 것이 바람직 하느냐는 변화의 종류와 때에 따라 다를 것이다. 그러나 상황이 요구하면, 스스로 주도적으로 적극적으로 변화하거나 변화를 이끌어야 한다.

## 2) 인과의 법칙(원인과 결과의 법칙)

세상의 모든 변화는 원인과 결과가 있다. 결과가 있으면 원인이 있고, 원인이 있으면 결과가 있다. 바람은 왜 부는가? 바람이 부는 원인이 있다. 꽃은 어떻게 피는가? 나무에서 꽃이 피는 것은 변화이므로 변화의 원인이 있다. 저 사람은 왜 나를 미워하는가? 미워하는 이유가 분명히 있다. 물리학, 생물학, 심리학이 이런 것들을 연구한다. 물고기를 잡는 것도 변화다. 즉 물속에 있는 물고기를 내 손안에 넣는 변화다. 그것이 내 직업이다. 어

떻게 하면 더 많은 물고기를 잡느냐? 이것이 나의 희망이고 욕망일 수 있다. 더 많은 고기를 잡아 이웃을 돕는다면, 이것이 사랑일 것이다. 아무튼 변화는 인생의 모든 것이고 그 변화를 지배하는 법칙이 인과의 법칙이다.

### 3) 파급의 법칙

"A"가 "B"에 어떤 작용을 하면, "B"는 "A" 또는 다른 물질에 어떤 작용을 한다. "B"가 변화하면, 주위의 다른 물질이 그 영향을 받아 변화한다. 파급의 법칙과 인과의 법칙은 관계는 있지만 내용은 다르다. 파급의 법칙이 인접한 주체와 객체의 변화 현상인 반면, 인과의 법칙은 변화의 원인과 결과를 말한다.

파급의 효과는 인간의 사회에도 수많은 예가 있고 또 모든 일이 관계될 것이다. 파급 효과의 하나의 예가 '나비효과'이고, 이 경우 파급의 법칙은 조그만 원인이 큰 결과를 가져올 수 있다는 예를 보여준다. 파급의 법칙으로 세상의 모든 것들은 연결되어 있고, 서로 영향을 주고받는다고 볼 수 있다.

인생은 플러스(+)다

# 4. 자연과 인간의 교류/소통

소제목을 교류/소통이라고 했지만 사실은 거의 일방통행이다. 인간은 대자연에 비해 비교가 안 될 정도로 작고, 힘이 약하고, 대자연은 창조자이고 부모와 같기 때문이다. 하지만 인간도 자연에 영향을 주고 변화를 주기도 하며, 대자연과 협력자 관계일 수가 있다. 부정적인 면을 말하면, 인간이 자연에 피해를 주고 파괴를 할 수도 있으며, 특히 지구상의 다른 동식물에는 막대한 영향을 줄 수 있음이다. 인간은 어떻게 자연과 공존하며 평화롭고 조화를 이룰 수 있을까? 그러기 위한 인간의 자연과의 교류나 소통은 어떤 것이라야 하는가?

현대에는 자연의 혜택이 사회를 거쳐 개인에게 전달되는 일이 많아져서, 자연의 혜택이나 영향력을 간과하는 오류를 많이 범하는 것 같다. 채소나 과일이 농부나 돈이 만들어 주는 것인가? 물고기는 수산업자나 경제가 제공한다고 생각하는가? 자연을 정치나 정부가 보존해 준다고 믿는가?

## 1) 자연에서 얻는다

누차 언급했고 특히 2. 자연의 혜택/위험에서 비교적 풀어서 설명했으므로 더 이상 설명할 필요가 없을 것이다. 단지 자연에서 모든 것을 얻지만 공짜는 아니다. 얻기 위해 공을 들이고 노력해야 하며 때로는 위험을 감수해야 한다. 대자연을 알기 위해 노력하자, 공부하자, 사랑하자, 친하자, 대자연과 대화하자.

## 2) 자연에서 배운다

앞서 2. 자연의 혜택/위험에서 이미 언급했지만, 자연이 인간에게 먹거리와 에너지와 온갖 물질만 준다고 알면, 이는 큰 잘못이다. 모든 지식과 지혜도 대자연으로부터 나온다. 물리학, 화학, 생물학 등은 자연에서 겨우 일부를 배운 것뿐이다. 전자기학, 양자역학, 천문학 정도가 겨우 자연으로부터 첫걸음을 배운 정도일 것이다. 그뿐만이 아니라 심리학, 미학, 철학도 자연에서 배운 것이고 배워야 할 것이다. 진리를 발견하고 최고의 판단력과 창조력을 발휘하는 지혜도 자연과의 협력과 조화로 얻을 수 있다.

대자연은 인간에게 최고의 훌륭하고 완벽한 스승이다. 인간은 대자연을 그렇게 대하여야 한다. 우리는 자연에서 모든 것을 끊임없이 배운다. 대자연을 관찰하고 공부하고 배워야 한다.

## 3) 자연을 배려하고 사랑한다

모든 동물이 다 자유롭게 움직이지만, 인간의 자유도(自由度)는 어느 동물보다 크다. 행동반경이 인간보다 더 큰 동물은 없다. 인간은 물속, 공중, 땅속 심지어 우주까지도 갈 수 있다. 인간은 자살까지 가능하고, 조물주를 닮은 창조 능력도 있다. 못 하는 것이 없을 것 같다. 단, 못하는 것이

인생은 플러스(+)다

두 가지가 있다. 첫째는 시간을 거스르는 일이고, 둘째는 무에서 유를 창조하는 일이다. 그러나 이것도 생각으로는 가능하다. 우리의 생각은 빛보다 빠를 뿐 아니라, 뒤로도 간다. 우리의 생각은 우주를 품을 수도 있다. 생각으로는(수학적으로는) 무에서 유도 만든다.

무 = 0 ⇒ C - C = C + (-C) = Creator + Created = 조물주 + 피조물

인간은 자연에 대해서도 상당한 일을 할 수 있다. 산을 깎기도 하고, 바다를 메우기도 하고, 초고층 빌딩을 올리기도 한다. 우주선을 쏘아 올리고, 우주를 개발하려 한다. 이렇게 자유롭고 능력 있는 인간이다 보니, 인간은 자유를 무한히 누리려고 한다. 때때로 제멋대로 하려고 한다.

원론적으로 인생에 규제나 규칙은 따로 없고 없어야 한다. 가장 자유롭게 살면 된다. 그런데 자유에 제한이 필요하다. 나의 자유와 남의 자유의 충돌이 있기 때문이다. 또 현재 자유의 결과인 이득이 미래에 손해가 될 수 있다. 이래서 자유의 규제가 필요하다. 자연에서도 인생에서도 자유를 위한 최고의 유일한 규칙은 **'배려'**이다. 배려의 대상은 타인뿐 아니라 사물 및 동식물도 포함하며 더 넓게 표현하면 배려의 대상은 대자연이다. 예를 들어 해충을 없애려다 인간의 건강을 해칠 수 있기 때문이며, 자연의 평화나 조화를 깨뜨릴 수 있기 때문이다.

배려는 단순히 상대를 괴롭히지 말라는 좁은 의미만은 아니다. 우리는 남에게 누(폐해)를 끼치지 말라고 가르친다. 이는 배려의 가장 좁은 의미다. 배려는 자비, 공정, 존중 등과 상통하기도 한다. 또 배려는 넓게 도움, 헌신, 희생을 뜻한다. 배려는 사랑이다.

천국과 지옥이라는 그림이 있다고 한다. 내려갈 수 없는 키보다 깊은 계곡 아래 상이 차려져 있고, 거기에 닿을 수 있는 도구가 있다. 지옥에서는

각자가 팔보다 긴 그 도구로 음식을 집어 자기 입에 넣으려 하지만 흘려 버리고 만다. 반면에 천국에서는 계곡의 반대쪽에 있는 타인의 입에 음식을 넣어 주니 흘리지 않고 서로 도우며 음식을 먹을 수 있다.

천국과 지옥이라는 그림에서 배울 수 있듯 배려는 나에게 유익하게 돌아오기도 한다. '인과의 법칙'과 '파급의 법칙'을 합한 진리이기도 한 것이다. 즉 배려는 Give and Take의 원리이기도 하다. 배려는 인간이 제일 먼저 배워야 하는 진리이며 사실은 인간에게 주어진 본성의 일부이다. 배려는 그리스도교의 사랑의 근본이고, 불교의 자비의 근원이다. 배려는 기본적으로 타(他)에 대한 배려이지만, 결과적으로 자신에 대한 배려이기도 하다. 주위의 평화를 위한 노력은 결국 나의 평화를 위한 것이기 때문이다. 배려(配慮), 어렵고도 훌륭한 단어다.

배려의 한계는 어디까지일까? 가장 소극적인 한계는 남에게 위해가 되지 않는 배려다. 다음은 공자가 말한 己所不欲 勿施於人(기소불욕 물시어인)이다. "내가 원하지 않는 바를 남에게 행하지 말라."는 가르침이다. 넓은 의미의 배려는 조건 없이 베푸는 일이다. 성경에 나오는 "원수를 사랑하여라." "일흔일곱 번까지라도 용서해야 한다."는 대표적인 넓은 배려이다. 배려의 한계는 나의 자유는 어디까지 허용되고, 남의 손해/피해나 이익은 어디까지 고려되어야 하는가의 문제일 것이다. 그러나 진정한 배려는 반환적 급부를 생각하지 않는 것이다.

용서도 배려의 일종이라면 우리의 삶은 대자연의 허락이고 사랑이다. 가해자가 모르고 위해를 했거나 삶을 위한 행위(정당방위나 삶을 위한 살생)는 용납이 된다. 모르고 한 행위 또는 의도하지 않은 악행은 적어도 법적으로는 선처의 대상이다.

인생은 플러스(+)다

배려는 가장 기초적이고 기본적인 행위 규범이겠지만 쉬운 일은 아니다. 배려를 잘하려면 상대를 잘 알아야 한다. 상대가 무엇을 원하는지 공부하여야 한다. 배려는 생각만으로 하는 것이 아니다. 배려는 행동의 의무를 요구한다.

대자연을 생각하고, 공부하고, 친하고, 사랑하고, 행동하여야 대자연을 배려한다고 할 수 있다.

## 4) 자연에 겸손하고 감사한다

거대한 미지의 자연 앞에 우리가 할 수 있는 일은 그리 많지 않은지도 모른다. 인간의 능력으로 부단히 연구하고 노력하지만, 그래도 부족함이 많은 것이 인생이다. 자연의 법칙을 알지만, 구체적으로 어떤 변화가 언제 어떻게 일어날지 그 원인은 무엇이며, 결과는 어떻게 될지, 그 파급 효과는 어디까지인지 예측할 수 없는 일이 비일비재하다. 미지의 미래에 인간은 어떻게 대처해야 할까?

자연을 경외하는 것이 자연에 대한 인간의 옳은 태도요, 자세요, 처신일 것이다. 원시인들은 자연을 경외했을 터이다. 그런데 이제 인간이 자연을 조금 안다고 자연을 무시한다. 무시하지는 않을지 몰라도 자연을 건성으로 본다. 사실, 대자연을 공부하고 연구하고 깊이 생각해 본 사람일수록 자연 앞에 겸손하고, 자연을 겸허하게 대하며, 자연에 경외심을 갖는다. 자연을 모르거나 자연에 대한 통찰이 없는 사람들이 자연의 법칙과 변화를 간과한다.

앞에서 대자연은 무한히 크고 무한한 힘이 있다고 간단히 서술하였지만, 비교하여 표현하면 우주에서의 인간은 지구에서의 티끌보다 작은 크기라고 할 수 있겠다.

'자연 앞에 겸손하라.'는 말은 자연을 두려워하라는 뜻만이 아니다. 자연에 순응하기만 하라는 뜻이 아니다. 겸손은 두 개의 단계로 완성된다. 첫 단계는 소극적인 겸손이다. 나의 잘못이나 부족함을 깨달아서 자연에 겸허하고 순응을 포함하여 옳은 태도를 보여야 한다. 두 번째 단계는 적극적인 겸손이다. 나의 부족함을 보충하기 위해 자연을 더욱 알고 이해하도록 탐구하고 제대로 대처할 수 있도록 노력할 일이다.

감사는 겸손의 다른 표현이다. 겸손과 감사는 동전의 양면이라고 할 수도 있다. 부족한 인간을(겸손) 키우고 살리는 대지연에 감사함은 당연하니까. 또 감사는 겸손과 마찬가지로 감사 자체에서 끝나지 않는다. 감사하니까, 우리는 대자연에 무언가 좋은 일을 한다. 대자연을 사랑하고, 아끼고, 찬미하고, 대화하고, 친밀하게 지낸다. 인간은 (대자연이 베푼) 창조적 능력이 있어, 그 능력이 계속 확대되고 과학이 발전하여 자연과 친하면서도 변화하는 자연에 잘 적응할 것이다. 감사할 일 아닌가?

## 5) 자연과 친하여야 한다

인간은 자연에서 태어났다. 창조든 진화든, 확실한 사실은 인간은 자연 안에서 대자연에 의해 만들어졌다. 인간은 적어도 수만 년 동안 자연에 의해 길들여졌다. 현재도 자연에 의해 먹여지고 키워진다고 할 수 있다. 인류의 목표가 인류의 행복과 평화라면, 인간은 자연과 친해야 한다. 좋은 먹거리인 음식과 물을 위해 자연과 친해야 한다. 자연에 순응하며 자

인생은 플러스(+)다

연의 개발과 보존에 힘써야 한다. 맑은 공기를 위해 자연과 친해야 한다.

건강한 삶을 위해서도 인간은 자연과 친해야 한다. 현대에는 육체적인 건강은 물론 정신적인 건강의 중요성이 강조된다. 육체적인 건강을 위해서 자연과 함께 숨 쉬고, 일하고 운동하는 것이 중요하지만, 정신적인 건강을 위해서도 인간은 더더욱 자연과 친하고 가까워져야 한다. 자연과 가까워지는 방법은 여러 가지가 있겠지만, 첫 단계는 물리적으로 가까워지는 것이다. 자연과의 스킨십이 필요하다. 자연과 보내는 시간이 길수록 좋다. 풀이름, 나무 이름, 꽃 이름을 외우는 것이 큰 의미가 없는지 모르겠지만, 자연과 가까워지는 하나의 방법임에는 틀림없다. 자연을 공부하고, 자연과 놀고, 자연의 변화를 기꺼이 받아들이고 즐겨라. 우리에게 건강과 행복과 평화를 돌려줄 것이다.

## 6) 자연과 대화한다(기도)

제1부 인생의 본질 5. 자연과 인생의 관계에서 서술한 미지의 자연은 미래를 모르기 때문에 불행 및 불운이 두렵다는 것만을 의미하지는 않는다. 미지의 자연은 불확실한 미래이지만 행운, 횡재, 천운, 기적 같은 일이 발생할 수도 있다는 것을 의미한다. 미지의 세계가 암흑의 세계만을 뜻하지는 않고 얼마든지 밝고 맑을 수가 있다. 어차피 전혀 예측할 수 없는 미래라면 기도하며 대자연을 믿어 보는 것이 좋은 대안일 수 있다. 좋지 않은 변화와 결과도 더 멀리 보면 호전되거나 호전을 위한 단련일 수 있다. 따라서 미지의 자연은 긍정과 믿음의 기초가 될 수도 있다. (제7부 인생의 즐거움 3. 인생은 플러스(+)다 참조)

인간은 친하면 대화를 한다. 친해야 대화를 할 수 있다. 대화를 하면 협력과 협동이 가능하다. 대자연과의 대화가 기도다. 감사의 기도, 친밀하고자 하는 기도, 요청의 기도, 대자연의 뜻을 알고자 하는 기도, 내 계획을 알리는 기도, 즐거움의 기도, 희망의 기도, 사랑의 기도 등 얼마든지 가능하다. 대자연과 일단 친해지면, 더 자주 더 많이 기도할 수 있다. 대자연이 나의 부모이고, 나의 친구이고, 나의 멘토일 수 있기 때문이다. 일인 다역을 하는 대자연과 대화하라. 얼마든지 언제든지 기도하라. 내 인생에 도움을 준다. 활력을 준다. 내 인생의 희망이 될 수 있다.

인생은 플러스(+)다

제5부

인생의 목적/목표

목적과 목표는 때때로 구별하여 이해하기가 쉽지 않다. 목적/목표/수단의 사전적인 의미는 다음과 같다.

- 목적: 이루려고 하는 일이나 방향
- 목표: 행동을 통하여 이루거나 도달하려는 실제적 대상이 되는 것
- 수단: 목적이나 목표를 달성하기 위한 방법

대체로 의미의 포괄성 면에서는 목적 > 목표 > 수단 순으로 목적이 목표보다 넓은 의미를 포함하고, 구체적인 면에서는 목적 → 목표 → 수단 순으로 수단이 목표보다 구체적이다.

목적이 목표보다 일반적으로 더 궁극적이고 근원을 지향한다. 목표는 목적 달성을 위해 목적보다는 구체적이어야 한다. 목적은 생각만으로 지향할 수 있지만, 목표는 반드시 행동을 통하여 달성되는 것이다.

인생의 목적/목표는 필요한가? 많은 사람들이 인생의 목적이나 목표가 없이 또는 목적이나 목표를 인식하지 않고 살아간다. 이들은 산에 가는데 굳이 '건강을 위해 산에 간다.'는 목표를 가지고 가야 하느냐? 즐겁게 산행하고 돌아오면 되지 않느냐? 산에 가면 저절로 건강에 도움이 되는 것이 아니냐고 반문할 수 있다. 이들의 인생 목표는 즐거운 삶 내지 행복한 삶일 것이다. 또는 인생의 목적 내지 목표를 인식하지 않거나 못하는 것이다. 물론 그렇게(목적이나 목표에 대한 뚜렷한 인식이 없이) 살 수도 있다. 그러나 인생과 산행의 근본적인 차이점은 인생은 끝이 있고, 한 번뿐이라는 것이다. 산행은 이번에 못 한 것을 다음에 달성할 수 있어 가볍게 다녀올 수 있다.

목적을 알고 목표를 가진다는 것은 목표의 달성 확률을 높이는 일이다.

인생은 플러스(+)다

후회가 없는 삶을 위해서 또 귀중한 인생에서 최선을 다한다는 의미에서 인생의 목적을 알고 목표를 가지는 일은 필요하다. 산행의 예를 좀 더 들어 보자. 산행 중 기분이 좋아 막걸리를 과음하고 안주를 과식한다면 오히려 건강을 해칠 수 있다. 목표 의식이 있으면 아무래도 산행 중 과음과 과식을 자제할 것이다. "끝이 좋으면 다 좋다."는 말이 있다. 인생의 과정을 행복하게 살려고 하지만 불행이나 괴로움을 완벽히 피할 수는 없다. 옳은 인생의 목적/목표는 없는 것보다 있는 것이 나을뿐더러 꼭 필요한 것이다.

# 1. 인생의 목적

스스로 이 세상에 태어난 사람은 없다. 인간은 피조물이다. 그런 의미에서 인생의 목적을 스스로 정하기는 어렵다고 생각된다. 인생의 목적이 우리가 태어나기 전에 정해졌다고 생각하는 것이 합리적이고, 우리는 인생의 목적을 이해하는 것으로 충분하고 훌륭하다고 생각된다. 인생에 관한 개괄적인 인생관을 확립하기 위해, 또 인생의 목표를 정하기 전에 인생의 목적을 알거나 정하는 것은 인생을 제대로 살기 위한 필요충분조건이고 그만큼 중요하다.

소수의 사람이겠지만, 내세 즉 천국이나 극락에 가는 것을 인생의 목적으로 생각하는 사람들이 있다. 내세를 인정하더라도 이는 현세를 너무 가볍게 보는 인생관이다. 이들은 매미의 3~7년의 땅속 생활을 1개월 정도의 지상 생활을 위한 준비 기간으로 보는 것이다. 이러한 인생관은 내세를 확신하는 믿음 없이는 불가능하다.

현세를 중시하는 인생관으로서의 인생의 목적은 재래의 5복(수=장수, 부=부유, 강녕=건강, 유호덕=덕을 베풂, 고종명=편안한 죽음) 중에서 유호덕/고종명을 들 수 있다. 즉 "덕을 많이 베풀며 살다가 편안한 죽음"을 인생의 목적으로 보는 것이다. 내세 즉 천국이나 극락이 있다고 하더라도, 이 세상을 제대로 잘 살면 내세에 동참할 수 있는 것이 합리적이라고

인생은 플러스(+)다

생각하면, 이 세상을 잘 사는 것이 인생의 목적이 될 수 있다. 좀 더 쉽고 현대적인 표현을 사용하고 다듬어 인생의 목적을 쓰면 다음과 같다. 인생의 목적은 '선행을 많이 하다가 멋지게 죽는 것'이다. 여기서 선행은 사회의 발전에 기여하고 대자연의 변화에 순응함이다. 사회의 발전에 기여함은 역으로 사회가 퇴보할 때에는 바로잡는 노력도 포함하여야 하므로 쉬운 일이 아니다. 즉 사회를 잘 알고 적응 및 대응하여야 한다. 자연의 변화에 순응함도 단순한 적응이 아니라 자연의 변화에 적극적으로 대처함도 포함하여야 하므로 역시 쉬운 일만이 아니다. 대자연을 잘 알고 적응 및 대응하여야 한다. 또 멋진 죽음은 깨끗하고 편안한 죽음만을 의미하지는 않는다. 때로는 멋진 희생과 순교까지도 포함하는 죽음이다. 성경의 한 구절이 큰 의미를 가진다. "친구들을 위하여 목숨을 내놓는 것보다 더 큰 사랑은 없다."

일목요연하게 정의하면, 인생의 목적은 ① 최대한의 행복과 ② 주위의 평화를 위하여 살다가 ③ 의미 있는 죽음을 맞는 일이다. 개인의 행복과 주위의 평화를 조화롭게 추구하며 살아내는 일이다.

# 2. 인생의 목표

## 1) 여러 가지 예

많은 사람들이 생각하는 인생의 목표는 무엇인가? 그것들의 문제점은?

### (1) 행복

행복이 좋은 목표일 수도 있으나 앞에서 언급했듯이 인생의 목적에 가깝다. 제6부 인생의 문제 (불행) 및 제7부 인생의 즐거움 (행복)에서 더 자세히 설명하지만, 행복은 일시적인 개념일 경우가 많고, 인생에는 괴로움과 행복감이 어쩔 수 없이 교차 또는 반복되므로 인생의 좋은 목표는 아니다. 짧은 행복은 삶에서 음식을 구하듯 일상적인 목표일 뿐이고, 긴 행복은 인생의 목적일 것이다. 목적인 행복은 그것을 달성할 구체적인 목표가 필요하다.

### (2) 성공

세속적인 성공은 보통 **부/권력/명예** 3가지로 일컬어진다. 부자가 되고, 높은 지위에 올라 권력을 소유하거나, 각 방면의 일인자 또는 훌륭한 인물이 되어 이름을 날리는 것들을 성공이라고 한다. 물론 이런 성공으로

인생은 플러스(+)다

옳고 바른 일(인생의 목적에서 주위의 평화를 위하는 일)만 한다면 성공은 좋은 것이고 인생의 좋은 목표가 될 수 있다. 진정한 성공은 부/권력/명예가 아니고 그것들로 사회와 인류의 발전과 평화에 기여하는 일이다. 다르게 말하면 성공은 인생의 목표라기보다는 목표를 이루기 위한 하나의 수단인 것이다.

### (3) 직업

직업을 일생의 목표로 하는 사람들도 많다. 훌륭한 농업인, 정치가, 행정관리자, 교육자, 예술인, 의사, 건축가, 스포츠맨 등 여러 직업 분야에서 일인자가 되거나 훌륭한 사람이 되는 일은 좋은 인생의 목표다. 그렇지만 이는 앞에서 말한 성공과 같이 목표를 이루기 위한 수단에 가깝다. 따라서 인생의 목적인 행복과 평화를 목적으로 지향하는 직업이 인생의 좋은 목표가 될 것이다.

### (4) 구원/영생/극락/천국

이런 유의 목표는 주로 종교인들의 목표인바, 인생의 목표라기보다는 인생의 목적이라고 보아야 할 것이다. (인생의 제3 목적인 의미 있는 죽음) 일생을 살면서 이루는 인생의 목표라기보다는 일생을 마친 후에 이루고자 하는 목표일 것이기 때문이다. 특수한 경우에 지향하는 목표라고 할 수 있으며, 현생의 중요성에 적절한 비중을 두고 조화를 이룬다면 좋은 목표가 될 수 있을 것이다. 구원/영생/극락/천국에 도달하기 위한 실천적 행위는 좋은 인생의 목표가 된다. (예를 들면, 이웃을 사랑하고 자비를 베푸는 일)

⑸ 멋진, 값진 또는 의미 있는 죽음

인생의 목표라기보다는 인생의 제3 목적인 의미 있는 죽음에 해당한다. 죽음에 이르러 자산을 사회에 기부하고 환원한다든가 신체 장기를 사회에 기증하는 일은 멋진 일이지만 평소에 훌륭하게 사는 일이 더 의미 있는 삶일 것이다.

⑹ 기타

단순히 "열심히 살겠다." "남의 폐를 끼치지 않고 살겠다." "훌륭한, 모범적인 사람이 되겠다." 등은 인생의 목표라고 할 수는 없고, 하나의 삶의 지침이라고 할 것이다. 나쁜 목표는 아니지만, 인생의 목표를 제대로 인식하고 있지 못한 목표인 셈이다.

## 2) 인생 목표

인생의 목표는 인생의 목적을 이루기 위한 실제적 방안이다. 실제적인 방안은 직업(또는 일)이다. 즉 좋은 직업(일)이 인생의 목표가 된다.

좋은 직업(일)은 ① 인생의 목적을 달성하기에 적합하여야 한다. ② 나에게 잘 맞는 일이라면 더욱 좋다.

## 3) 직업의 종류

직업은 제3부 사회 1. 사회의 목표에서 말한 업과 상응한다. 즉 사회:업 = 개인:직업으로 이해하면 된다. 업의 종류 이상으로 직업의 종류는 다양

인생은 플러스(+)다

하고 많다. 현대로 들어올수록 직업의 종류는 더 늘어나고 또 새로운 직업도 늘어나고 있다. 참고로 직업의 종류를 간략히 들어 본다.

- 1차 산업: 농축수산업 관련 직업, 조경/산림 관리업, 농축수산물 가공업 관련 직업
- 2차 산업: 각종 제조업(식품, 기계, 화학, 전기, 전자 등) 관련 직업
- 3차 산업: 유통업, 사무 관리직, 서비스업(요식업, 관광, 상담, 간병 등) 관련 직업
- 전문직: 의사, 약사, 교사, 엔지니어, 변호사, 회계사, 예술인, 체육 관련 전문가, 연구직, 문화/미디어 등 관련 직업

직업은 인생에 필요한 일을 하는 것이다. 그러므로 제1부 인생의 본질에서 다룬 ① 생존의 본능 ② 욕망의 본능 ③ 진리의 본능과 관련하여 구분하는 것도 한 방법이 된다. 즉, 생존에 필요한 일, 욕망의 달성에 필요한 일, 진리를 추구하는 일은 중요하고 필수적인 직업이 될 수 있을 것이다.

어떤 분이 재미있는 정의를 내렸다. "직업은 남이 좋아하는 일을 하는 것이고, 취미는 내가 좋아하는 일을 하는 것이다." 남이 좋아하는 일을 하면 상대는 보답을 할 것이고, 그것이 나의 성공적인 직업이 될 것이다.

## 4) 인생 목표의 숨은 요소

인생의 목표는 인생의 목적에 근거하여, 두 가지로 나누어 생각할 수 있다.

① 이기적 목표: 나를 위한 목표(나의 **행복**을 위한 목표)

② 이타적 목표: 남을 위한 목표(주위의 **평화**를 위한 목표)

* 나의 행복이나 그 추구 과정이 타인 불행의 원인이라면, 이는 진정한 나의 행복이 될 수 없다. 그러한 행복 추구는 당연히 피해야 한다.

* 주위의 평화가 없으면 나의 행복도 사라진다. 즉, 이타적인 목표도 길고 넓게 보면 나를 위한 이기적인 목표이기도 하다.

### (1) 인생의 목표를 두 가지로 나누는 이유

첫째 이기적인 목표는 대개 자신의 성공인데 이는 달성한 후에 만족은 잠시고 장기적으로는 오히려 허무함이 따를 수 있다. (소위, 부자라고 하루 네 끼 먹는 것도 아니고, 죽을 때에 부를 가지고 가는 것도 아니고, 권력과 명예는 화무십일홍이라고 오래가지 않는다.) 둘째 이기적인 목표는 달성 동기가 약할 수 있어 성공률이 떨어지고 이타적인 목표는 동기가 강하여 성공률이 높다. 셋째 이타적 목표를 달성하기 위해 이기적 목표 달성은 거의 필요조건이다. 즉 내가 살아 있어야 이타적 목표를 추진할 수 있고 내가 성공해야 이타적 목표를 효율적이고 최대한으로 달성할 수 있기 때문이다.

### (2) 이타적인 목표를 세우는 사람이 많을까?

다행히 많다. (이타적인 목표가 오히려 필수 목표이므로 당연히 이타적인 목표를 세우는 사람이 많아야 한다.) 우선, 성인들은 이타적 즉 남을 위해 생을 살은 사람들이다. 석가모니는 중생이 괴로움으로부터 해탈하는 법을 찾아 살았다. 예수는 세상 사람들의 행복과 평화와 구원을 위해 자신을 희생했다.

안중근 의사도 동양의 평화와 한국민의 독립을 위해 목숨을 바쳤다.

인생은 플러스(+)다

보편적인 목표도 알고 보면 나를 위하고 남도 위하는 목표다. 예를 들어 '과학자가 되겠다.'는 목표는 과학자가 되어 개인적으로는 성공하고 사회적으로는 과학의 발전에 기여해 인류의 행복한 생활에 도움이 되도록 하겠다는 뜻이다. '경찰이 되겠다.'는 목표도 경찰이 되어 개인적으로 성공하고 사회적으로 사회의 안전에 기여해 국민의 행복한 생활에 도움이 되도록 하겠다는 뜻이다. 훌륭한 의사가 되는 일은 타인의 생명을 구하고 건강한 생활을 돕는 일이다. 다만 그러한 사회적 목표를 얼마나 인식하고 있느냐의 차이는 있을 것이다.

사실 인간의 이타적인 성향은 인간의 제3 본능인 진리 추구의 본능에 속한다. 즉 인간은 태어날 때에 이타적인 본능을 가지고 태어난다고 할 것이다.

### (3) 인생의 목표에 이타적인 요소가 들어가야 하는 이유

이타적인 목표가 합리적이고 목표 달성을 위한 강한 동기가 된다. 합리적이고 강한 동기가 강한 지속력과 추진력을 유발해 성공의 가능성을 높인다. '나 자신을 위해 성공하겠다.'는 사람보다 '나를 위해 희생하신 부모님을 위해 성공하겠다.'는 사람들이 더욱 성공한 예가 많다.

많은 사람들이 인생 후반에 인생이 허무하다고 느낀다. 특히 인생을 마감하는 죽음 직전에 허무하다고 느낀다. 소위 사회적으로 성공했다고 분류되는 사람들이 허무함을 많이 경험하는 것 같다. 허무함은 인생의 무의미를 뜻한다. 즉 자신들이 이룬 성공이 무의미하다고 느끼는 것이다. 자신들의 성공으로 소유하게 된 재물이나 명성이 자신의 죽음으로 사라지며 아무 의미가 없음을 느끼는 것이다. 인생의 연장인 천국이나 극락을 믿지 않더라도, 이타적인 인생의 목표를 가지고 살았으며, 어느 정도 타인을 위한 목표를 이루었다면, 인생은 유의미하고 그런대로 멋있었다고 생각할 것이다.

이타적인 목표가 오히려 필수 목표이고 나에게도 도움이 되는 목표라고 할 것이다.

### (4) 인생의 목적: 의미 있는 죽음과 인생의 목표

일생 동안 많은 실패와 좌절을 경험할 수도 있다. 그러나 우리는 죽을 때까지 희망을 버려서는 안 된다. 죽음을 이기고 건너야 한다. (제9부 인생의 길 (어떻게 살 것인가?) 1. 인생의 5대 주제 (5) 죽음 참조)

## 5) 인생 목표의 다른 예

다시 강조하지만, 성공이나 직업이 인생의 목표가 아니고, 직업이나 성공을 통하여 나의 만족과 행복, 사회의 발전과 평화를 이루는 일이 인생의 목표가 되어야 한다. 인생의 목적을 아는 목표를 가져야 한다는 것이다. 직업은 바꾸거나 바뀔 수 있다. 성공과 실패를 반복할 수도 있다. 그러나 인생의 목적은 이루어져야 한다.

### (1) 인생의 참 목표: 바른 생활

나를 위한 목표는 클 필요가 없다. 이기적인 목표는 내가 죽으면 사라지는 것이므로 커 봐야 소용이 없다. 인생의 목표는 단순히 "바른 생활"이다. 바른 생활은 크지는 않지만 강하고 질기고 참이고 슬기로워야 한다.

인생은 플러스(+)다

바른 생활은 건강, 행복, 평화를 보장하지는 못해도 확률을 높이는 옳은 생활이고 바른 선택이다. 바른 생활이라고 해서 반드시 완벽하고, 넓고, 크게 적용해야만 하는 것은 아니다. 옳지 않은 생활만 아니라면, 좁은 의미의 바른 생활도 좋은 개인적인 목표다. 예를 들면, 과음 과식을 절제하는 생활을 습관화하는 일도 좋은 바른 생활 목표다. 단, 이러한 목표는 구체적이지 못한 점이 흠이다. 구체적이지 못하면 실행력 및 성공 확률이 떨어질까 우려된다. 따라서 참 목표 밑에 구체적이고 실행에 도움이 되는 세부 목표가 있어야 한다.

### (2) 인생의 큰 목표: 사랑/자비

이타적 목표는 클수록 좋다. 이루어진 목표는 내가 죽어도 남아 있다. 가급적 오래 크게 넓게 세상에 남아 있으면 더 좋다. 크게는 사랑이지만, 실천을 위해서는 구체적이어야 한다. 따라서 자연 전체를 사랑하고 사회 전체를 위하여 일하는 것도 좋지만, 한 그루의 나무만 사랑해도 좋고, 한 사람의 이웃만 사랑하는 것도 훌륭한 인생의 목표가 될 수 있다. 단, 이 목표도 구체적이지 못하다. 인생의 목적에 가깝다고 할 것이다. 따라서 실행력 및 성공 확률이 떨어질까 우려된다. 역시 큰 목표 밑에 작더라도 구체적이고 실행에 도움이 되는 세부 목표가 있어야 한다.

## 6) 인생 목표 달성을 위한 실행

목표가 있으면 실행의 수단이 있어야 할 것이다. 실행 수단은 제9부 인생의 길 (어떻게 살 것인가?)에서 다룬다.

# 3. 인생 목표의 관리

## 1) 인생 목표의 설정

사람마다 상황에 따라 다르겠지만,

- 시기적으로는 15세 전후에 목표를 정하는 것이 일반적일 것이다.

- 내용적으로는 일(직업, 경제 등), 건강(섭생, 자연환경 등), 사회(대인
관계, 사회발전 등), 꿈(진리 추구 등)을 포함하여 다양하고 복합적일
수 있다.

현실적인 면에서 때때로 목표는 수정될 수 있다. 아니 수정되어야 할
것이다. 그러나 그 수정이 졸렬하거나 악한 내용으로 되어서는 안 될 뿐
이다.

특히 주의하여 심사숙고하여야 할 점은 목표가 너무 안이하게 달성할
수 있는 쉬운 목표이거나 너무 과하여 무리한 목표는 아니라야 한다. 단
지 안이한 목표냐 무리한 목표냐의 판단이 어려울 때가 많다. 따라서 필
요하면 수시로 훌륭한 사람 또는 많은 사람의 조언을 구해야 정하거나 수
정하여야 한다. '과거낭인'은 무리한 장원급제를 목표로 시도하다 실패하
는 사람을 일컫는다.

공자의 논어를 음미해 보자. 〈위정편 2-4〉

吾十有五而志于學(오십유오이지우학)

三十而立(삼십이립)

四十而不惑(사십불혹)

五十而知天命(오십지천명)

六十而耳順(육십이순)

七十而從心所欲不踰矩(칠십종심소욕불유구)

나는 열다섯 살에 학문에 뜻을 두었고

서른 살에 자립하였다.

마흔 살이 되어서는 미혹되지 않았고

오십 살에는 하늘의 뜻을 알았다.

예순 살에는 귀에 거슬리는 일이 없었고

일흔 살이 되어서는 마음 내키는 대로 살아도 법도를 넘지 않았다.

공자의 모범적인 실행을 보이는 글이지만, 일면에서 공자가 목표를 계속 수정하면서 달성했다고 볼 수도 있는 내용이다.


## 2) 인생 목표의 관리

인생의 환경은 수시로 변하고 내가 처한 상황도 항상 변한다.

인생의 목표는 계속 수정되기도 한다. 국가나 사회의 계획처럼 장기 계획(10년), 중기 계획(5년) 등으로 정확한 기간을 두고 수정할 필요는 없지만(그렇게 해도 좋다) 수시로 목표를 점검하고 수정 내지는 보완하여야 할 것이다.

"Boys, be ambitious!"(소년들이여, 야망을 가져라!)라는 말이 있다. 젊을 때에는 특히 목표를 크고 높게 잡는 것이 좋다. 큰 목표는 세세한 항목으로 구분하여 세밀하게 관리할수록 달성 확률이 높아질 것이다.

인생 목표도 소위 B-플랜(대안 계획)이 필요할 경우가 많다. 운동선수나 정치인 등 대부분의 직업은 수명이 있다. 사회 변화의 속도가 빠른 현대 사회에서는 기존 직업이 없어지고, 새로운 직업이 생기기도 한다. 젊었을 때에 폭넓게 공부하고, 변화에 적응할 수 있도록 제2 전공을 가질 필요가 있는 이유이다. 직업적인 공부뿐 아니라 약간 폭넓은 사회 경험과 참여도 바람직하다.

과학의 발달에 따라 인간의 수명도 늘고 있다. 따라서 인생 2모작이니 3모작 등 새로운 개념이 나온다. 최근의 AI(인공지능)의 빌딜은 새로운 환경이 전개될 것을 예언한다. 인생이 변화가 많고 예측할 수 없는 상황이 벌어지기도 하므로 "항상 깨어 있어라!"라고도 한다. 인생의 변화를 즐길 수 있으려면 준비되어 있어야 하고, 인생 목표의 수정도 기꺼이 최선을 다하여야 한다.

인생은 플러스(+)다

제6부

인생의 문제
(불행)

인생의 문제는 행복과 불행의 문제라고도 할 수 있다.

그리스도교는 주로 **행복**한 인생을 위해 즉 구원(救援)을 위해 **사랑**의 실천과 성령의 **믿음**을 답으로 제시했다고 할 수 있다.

불교는 **괴로움**에서(불행=고:苦) 벗어나기 위해 **깨달음**(해탈)을 얻어야 한다고 답을 제시했다고 할 수 있다.

그러나 행·불행의 문제가 인생의 중요한 과제이긴 하지만(제5부 인생의 목적/목표 참조) 행복이 행동을 기반으로 하는 인생의 목표가 아닌 이유와 불행의 특징 몇 가지를 들어 본다.


① 인생에 괴로움 즉 불행이 전혀 없을 수는 없다. (어떤 불행은 우리의 생각이나, 계획이나, 노력에 의해서 제거되는 것이 아니다.)

소위 전4고(四苦)라고 하는 생로병사(生老病死)가 그것이다. 또 전4고의 생(生)에서 파생되는 후4고, 즉 애별리고(愛別離苦), 구부득고(求不得苦), 원증회고(怨憎會苦), 오취온고(五取蘊苦)도 인생에서 전혀 없을 수는 없다.


② 마음먹기에 따라, (마음만으로) 많은 불행을 극복할 수 있다.

불교에서는 "고통(불행)은 집착에서 오며, 집착을 없애고 도를 깨우치면, 고통을 없애고 행복할 수 있다."고 가르친다. (고집멸도(苦集滅道))

그리스도교에서는 "참행복(진복팔단이라고도 함)을 알고 믿으면, 불행에서도 행복을 찾을 수 있다."고 가르친다.

예를 들면,

"무리하게 부자가 되려는 집착을 버리고 바르게 나아가라."

"정의를 위해 박해를 받더라도 기뻐하라. 하늘의 보상을 받을 것이다."

③ 잘못 생각하는 불행도 있다.

사회적으로 성공하지 못하였다 해도 불행하다고 느낄 필요는 없다. 쓸데없는 걱정은 잘못 생각함에서 오는 불행이다.

"미지의 미래(미지의 나, 미지의 사회 및 미지의 자연)에 대한 걱정을 하지 말고, 대처를 하라."

당연한 어려움은 불행이 아니다.

"조금 힘든 일, 작은 걱정, 예측이 어려운 미래, 늙음과 죽음 등은 불행이 아니다."

④ 감사하면, 불행도 행복으로 바뀐다.

"사고를 당했지만 피해가 적다고 감사하면, 행복감을 느낀다."

⑤ 때때로 행·불행이 번복된다. (행복과 불행은 왔다 갔다 하는 것이다)

모든 불행은 행복을 잉태하고 있다.

"새옹지마"(뒤에 간략한 설명이 있다)

"억울한 불운이 있기도 하지만, 노력 없는 행운도 있다."

⑥ 작은 것이 큰 것에 묻힌다.

"손가락 상처는 허리 통증에 묻힌다."

"관절염으로 고생하지만 걸을 수 있다는 것은 행복이다."

⑦ 감정에 따라 변하기도 하고, 일시적 느낌이다.

"내기에서 졌다. = 상대를 기쁘게 해 주는 좋은 일을 했다."

"사촌이 땅을 사서 배가 아프다."

"비가 오다가 활짝 개었다."


⑧ 작은 행·불행은 인생의 보조적 장치이며, 길 위의 신호등과 같다. 신호등이 내가 목적지로 잘 향하고 있는지 아닌지를 안내하는 것은 아니다.

"능력이 부족하다고 자책했는데, 좋은 직장을 구했다."

"청력이 좋지 않아 불행하다고 느끼지만, 아무튼 살아 있어 다른 많은 행복을 느끼고 인생을 즐길 수 있다."

"놀음에서 돈을 많이 따 행복하더라도, 진정한 성공이 아니다."

"사회적으로 성공했지만, 아직 진정한 행복이 아닐 수 있다."


⑨ 불행은 잘못된 길로 가고 있다는 경고나 신호일 수 있다.

불행의 원인을 생각해 보고 내가 밝고 옳은 길을 가고 있는지 바른길은 어떤 길인지 생각해 볼 필요가 있다.


⑩ 불행은 행복의 디딤돌이다.

불행을 당하여 더욱 노력 분발하여 성공하는 예가 많다. 따뜻한 온실에서 자라는 식물보다 혹독한 환경의 야생에서 자라는 식물의 생명력이 강하다. 마쓰시타 고노쯔께는 가난, 허약, 못 배운 것을 3가지 큰 은혜라고 하였다.


인생은 플러스(+)다

⑪ 현대에는 육체적인 고통보다 정신적인 고통이 많아졌으며, 정신적인 고통의 근원은 자신의 마음이다.

# 1. 괴로움(고-苦)의 종류

인생의 모든 문제는 인간의 세 가지 본능과 사회와 자연의 문제를 벗어날 수 없으므로, 이 다섯 부분별로 인생의 괴로움을 살펴본다. 중복되어 나오는 것도 있을 것이고, 누락된 괴로움도 있을 것이다.

## 1) 생존의 인생에 관련한 괴로움

**생로병사(生老病死)**는 불교에서 지적한 생존 인생의 대표적인 문제다.

### (1) 생
- 굶주림(기아)과 목마름(갈증), 배고픔의 서러움
- 가난: 헐벗음, 불안/불편한 주거, 필요한 물질의 부족
- 과로: 음식을 구하기 위해 힘들고 어렵고 위험한 일을 많이 한다.
- 피로: 수면 부족, 휴식 부족
- 성적(性的) 불만: 성 건강, 성욕 문제, 구애 문제, 불화, 사회 문제
- 후4고: 애별리고, 구부득고, 원증회고, 오취온고
- 무직: 할 일을 못 찾음
- 무능: 능력 부족

- 무지

- 성격 장애

- 해산의 고통

- 역경: 생활환경 열악

- 사고


## (2) 노

- 건강: 노화로 신체의 기능 저하 또는 상실 및 체력 저하

- 추해짐: 외적으로 추해지는 것도 고통 중의 하나다.


## (3) 병

- 건강: 각종 질병, 뇌 질환, 치매, 상해로 인한 부상

- 신체적 장애: 뇌 장애, 상해로 인한 상흔, 추함 포함

- 통증: 가려움, 저림, 시림, 어지러움 등 포함

- 정신적 장애: 두려움, 근심, 걱정, 스트레스, 의심 등


## (4) 사

- 죽음: 병사, 자연사, 사고사

- 사별: 좋아하는 사람과 헤어진다.

- 일실: 소유, 권력, 명예, 생의 즐거움, 희망, 꿈 등 모든 것을 잃는다.

## 2) 욕망의 인생에 관련한 괴로움

- 불만: 욕망을 못 이루면 불만이 생기고, 불만은 심하면 분노를 일으킨
  다. (부족, 불명예, 열등감, 무기력, 상대적 미력, 무료, 지루함 포함)
- 후회: 본인의 잘못에 대한 괴로움 (마약, 도박, 쾌락, 탐욕, 음욕, 악습,
  분노, 실수 등)
- 실패: 비통, 상대적 상실, 상대적 패배 포함
- 실연: 슬픔, 좋아하는 사람과의 인연에 실패, 불화
- 추함: 아름답거나 아름다움을 유지하려는 욕망에 미흡
- 바쁨: 여유가 없음
- 허망: 욕망을 어느 정도 달성했는데도 인생이 허무함을 느낀다. 특히
  죽음을 앞두고, 허무함을 느껴 괴로워하는 사람들이 많다.

## 3) 진리의 인생에 관련한 괴로움

- 부자유
- 무지, 지혜 부족
- 열등감: 열등감을 느끼지 않아도 될 상황에 열등감을 느낄 수도 있다.
- 두려움: 미지의 미래에 대한 근심, 걱정
- 근심 걱정 : 진리를 모르고 무지하면 근심 걱정이 더 많아질 수 있다.
- 무료: 무료는 불행의 한 종류다. (소일거리가 있어야 함)
- 추함: 아름다움의 추구에 미흡
- 가치 욕심: 자존심, 이념, 신앙, 철학, 등 자기주장을 고집함에 따른 괴

로움

## 4) 사회와 관련한 괴로움

- 전쟁, 사고
- 외로움
- 실연: 좋아하는 사람과의 인연에 실패, 불화, 헤어짐
- 다툼: 경쟁, 불화, 의심, 반목, 사회와의 충돌 포함
- 증오 및 원망: 밉거나 싫은 사람과 만나야 함
- 질투 및 시기
- 의심: 사회가(상대가) 나를 배척, 배반, 오해한다는 의심
- 무고: 억울한 누명
- 불명예: 치욕감, 모욕, 망신, 굴욕, 무시, 무관심, 차별, 속박, 부끄러움 등
- 악연: 악인 또는 친구의 꾀임에 넘어감, 악인의 출현
- 잘못: 죄, 실수에 대한 괴로움(범죄, 살인, 폭행, 절도, 겁탈, 모욕, 희롱, 방화, 파괴, 훼손 등)
- 사회적 피해: 피폭, 구타, 모욕, 봉변, 희롱, 시련, 푸대접, 손실, 손괴 등
- 사회적 실패: 손해, 패배 포함(예: 승진 실패)
- 사회의 실패: 부정의 만연, 제도의 실패, 사회 정의 실패 또는 패배(불의 및 범죄의 만연)
- 사회의 제재: 불법, 위법, 관례에 반한 벌
- 적응의 어려움: 사회적 변화
- 사회적 불안: 치안, 전쟁, 불황 등

- 불안 및 스트레스: 미지의 사건(사회에 대한)

## 5) 자연과 관련한 괴로움

- 재해 피해: 자연재해(기근, 흉년, 가뭄 등 포함) 및 일반 재해
- 사고: 교통사고, 화재, 붕괴, 익사, 동식물에 의한 사고 등
- 역병, 질병의 창궐
- 혐오 생물의 창궐
- 유익 생물의 감소
- 유해 생물 및 유해 물질의 존재 및 출현
- 자원의 부족
- 자연을 훼손한 괴로움(동물 학대 등에 대한 죄의식 포함)
- 미지의 자연: 불안 및 공포, 무지(자연을 잘 모르고 변화를 예측하지 못함에 대한 괴로움)

인생은 플러스(+)다

# 2. 불행, 괴로움(고-苦)의 분석

## 1) 불행의 구분

- 육체적 고통: 절대적 고통

- 정신적 고통: 상대적 고통

육체적 고통은 병, 통증, 가려움, 배고픔, 갈증, 추위, 더위 등이다. 정신적 고통은 불안, 근심, 걱정, 두려움, 지루함, 외로움, 괴로움, 질투, 시기, 실패, 불만(상대적 부족, 물질적 손실 포함) 등이다. 생존의 인생에 관련한 괴로움, 즉 생로병사의 괴로움은 대부분 신체적이고 실체적인 고통이다. 욕망의 인생에 관련한 괴로움은 모두 정신적 고통 즉 상상의 고통이다. 진리의 인생에 관련한 괴로움은 모두 정신적 고통이다. 사회와 관련한 괴로움은 대부분 정신적 고통이나, 육체적인 고통도 있다. 자연과 관련한 괴로움은 육체적 고통이지만, 정신적 고통도 있다.

육체적 고통이 대부분 긴급히 해결해야 할 고통이다. (전쟁, 굶주림, 질병, 상해)

그러나 정신적 고통(근심/걱정/두려움)이 더 심각한 고통일 수 있다. 정신적 고통이 깊어지거나 길어지면, 육체적 고통(두통, 불면, 소화불량, 정신 관련 병)으로 악화될 수 있고 또 타인에게 악영향을 더 많이 줄 수 있기 때문이다.

## 2) 피할 수 없는 괴로움

피할 수 없는 괴로움이고 생로병사의 중요 부분인 삶의 노고, 해산의 고통, 누구나 경험하는 가벼운 병, 늙음, 죽음은 인간으로서 받아들이지 않을 수 없는, 받아들일 수밖에 없는 것으로서, 더 이상 불행이 아니라고 할 수 있다. 전쟁, 자연재해, 유행병 등의 불행은 내 능력이나 환경에서는 어쩔 수 없는 것이라고 충분히 인정하고 이해하고 받아들이면, 괴로움에서 다소 벗어날 수 있다.

## 3) 피하고 싶은 괴로움

가장 피하고 싶은 괴로움은 **날벼락과 억울함**이라고 할 수 있다. 왜냐하면 내 잘못으로 인한 불행은 이해가 되어 참을 수 있고 받아들일 수 있어 덜 괴로움을 느낄 수 있기 때문이다. 그러므로 날벼락이나 억울한 일이 구성원에 발생하지 않도록 사회에서는 노력하여야 하고 그러한 사회가 좋은 사회이다.

그러나 나의 직접적 잘못이 아니고 간접적 잘못(조상, 가족, 친척, 친구, 이웃, 소유물 등 내가 속한 사회의 잘못)으로 인한 불행도 있을 수 있다 (예를 들면, 유전병 등). 날벼락이나 억울함을 당하지 않는 노력과 대비도 필요하다.

인생은 플러스(+)다

## 4) 운명 같은 불운에 의한 괴로움

- 미지의 사회 현상에 의한 고통: 전쟁, 화재, 교통사고, 붕괴 사고 등
- 미지의 자연 현상에 의한 고통: 자연재해, 자연 재난, 역병 창궐 등

예측하기도 어렵고 피하기도 힘든 미지의 사회 현상 및 자연 현상에 대한 대비는 개인적인 대비도 필요하겠지만 사회에서 공동으로 대비하여야 한다. 개인적 최선을 다하며, 곧 좋은 때가 올 것을 믿고 견뎌 내야 할 괴로움이다.

# 3. 불행의 원인과 분석

## 1) 불행의 내용별 원인

원인을 본인/사회/자연으로 구분하여 표시하였다.

(1) 생존의 인생과 관련한 불행의 원인

**굶주림, 갈증, 가난, 기근, 등**

- 본인: 능력 부족, 무지, 건강, 나태, 낭비, 불운 등
- 사회: 대인 관계, 사회보장 부족 등
- 자연: 재해(기근, 기후 등), 재난(자연 황폐화)

**무직**

- 본인: 능력 부족, 건강, 교만, 게으름 등
- 사회: 사회의 실패(사회 기반 미비, 사회제도 미비 등)
- 자연: 재해(기근, 기후 등), 재난(자연 황폐화)

**성 건강**

- 본인: 착각, 의심, 불운(병, 사고, 유전), 가난

**성욕 문제**

- 본인: 병, 유전, 무지, 탐욕

인생은 플러스(+)다

**구애 문제**

- 본인: 나태, 능력, 탐욕, 무지

- 사회: 혼란(성비 불균형, 전쟁 등 포함)

**노화, 노약, 추해짐**

- 본인: 건강, 무능, 무지, 탐욕(과욕) 등

- 사회: 사회의 실패(사회보장 제도 미비)

- 자연: 재해(기근, 기후 등 환경 열악), 재난(자연 황폐화)

**병, 질병, 상해, 통증, 신체장애, 정신장애**

- 본인: 건강, 유전, 무능, 무지, 나태, 의심, 탐욕(과욕), 분노, 교만, 질투 등

- 사회: 사회의 실패(환경, 위생 미비)

- 자연: 질병, 위해 동식물 창궐

**두려움, 스트레스, 근심, 걱정(본인 변화에 대한 불안 포함)**

- 본인: 건강, 탐욕, 교만, 무지, 나태, 질투, 인색, 낭비 등

- 사회: 대인 관계, 사고, 사회 혼란 등

- 자연: 재해 및 재난

**과로, 피로, 휴식 및 수면 부족**

- 본인: 건강, 무지, 탐욕(과욕) 등

- 사회: 사회의 실패(사회보장 제도 미비)

- 자연: 재해(기근, 기후 등) 및 재난

**죽음(급작한 죽음, 일찍 죽음)**

- 본인: 건강, 유전, 사고, 무지

- 사회: 사회의 실패(환경, 위생 미비)

- 자연: 질병, 위해 동식물 창궐, 재해, 재난

**의류/보호장비 불만, 주거/휴식처/피난처 불만, 추위, 더위 등 열악한 환경**

- 본인: 가난, 건강, 탐욕, 교만, 무지, 나태, 질투, 낭비(사전 대비 부족 포함) 등
- 사회: 사회 실패, 사고, 사회 혼란 등
- 자연: 재해, 위해 동식물, 재난

질병은 병원균이나 질병의 원인이 될 수 있는 해로운 물질이 몸 안으로 들어올 때에 또 그것들을 우리 신체가 튼튼하지 못하여 방어를 제대로 못할 때에 발생한다. 즉 질병의 원인은 병원균 또는 해로운 물질과 부실한 건강이라고 할 수 있다.

죽음은 불행이 아니다. 단, 예기치 못한 죽음과 너무 일찍 죽음은 불행이다. 죽음은 궁극적 불행으로 여타 모든 불행이 죽음의 원인이 될 수 있다. 즉 굶주림, 질병, 나쁜 건강은 물론 두려움/근심/걱정, 탐욕도 죽음의 직·간접적 원인이 될 수 있다.

두려움은 고통일 수는 있으나 불행은 아닐 수 있다. 두려움은 우리 몸과 정신에 필요한 기능이다. 단지, 쓸데없는 두려움, 과도한 두려움은 스트레스이고 병이다. 두려움은 닥쳐올지 모르는 어려움에 대처하라는 예고이고 경고 신호다. 두려움을 느낄 때에(또는 그 전에) 미래에 대비하여야 한다. 두려움을 은총이라고 보기도 한다.

(2) 욕망의 인생과 관련한 불행의 원인

**불만**

- 본인: 탐욕, 무지, 무능, 나태, 질투, 낭비, 건강 등

- 사회: 대인관계, 사회의 실패, 사회불안

- 자연: 재해(기근, 기후 등 환경 열악), 재난(자연 황폐화)

**실패**

- 본인: 탐욕, 무지, 무능, 나태, 질투, 낭비, 건강 등

- 사회: 대인관계, 사회의 실패, 사회불안

- 자연: 재해(기근, 기후 등 환경 열악), 재난(자연 황폐화)

**실연**

- 본인: 탐욕, 무지, 무능, 나태, 질투, 낭비, 가난, 건강, 배신, 불륜 등

- 사회: 대인관계, 사회 제도

- 자연: 재해 및 재난

불만은 주로 실패와 실연에서 발생하지만, 기타 모든 상대적 및 절대적 불만을 포함한다. (빼앗김, 내쫓김, 따돌림, 사기당함, 피격, 멸시, 치욕, 구속당함 등 물질적 정신적 피해를 포함한다.)

실패는 주로 소유 욕구의 실패, 권력 욕구의 실패, 명예 욕구의 실패를 의미하지만, 기타 모든 실패를 포함한다.

실연은 인연 실패를 의미하며, 좋아하는 사람과 만나지 못함을 포함한다.


(3) 진리의 인생과 관련한 불행의 원인

**부자유(구속), 불공정(억울함), 불신, 좌절, 무지(지혜 및 지식의 부족), 두려움(죽음 후), 범죄(잘못), 죄책감, 거짓말, 증오(혐오), 한, 무례, 후회 (무위, 비겁, 불행 등), 추함(더러움), 불명예, 슬픔, 허무, 외로움**

- 본인: 탐욕, 무지, 무능, 나태, 질투, 낭비 등

- 사회: 대인관계, 사회 제도

- 자연: 재해

진리의 인생을 추구하지 못하거나 안 하면 그 자체가 불행이다. 즉 진리나 정의를 추구하지 않으면 그 자체가 불행이며 불행의 원인은 지혜의 부족이나 무지 또는 게으름이다.

진리의 인생을 추구하지 않으면 행복의 기회를 잃는 것이 불행이다. 즉 아름다움이나 선행을 추구하지 않으면 행복의 기회를 잃는 것이다. 불행의 원인은 역시 지혜의 부족이나 무지 또는 게으름이다.

진리의 인생을 과도하게 추진하면, 인생의 균형이 깨지거나 주위 사람과 조화를 이루지 못하게 되는데 그 원인은 교만과 탐욕이다.

## (4) 사회와 관련한 불행의 원인

**악연(불행한 만남), 이별(생이별 및 사별)**

- 본인: 탐욕, 무지, 무능, 나태, 질투, 낭비 등
- 사회: 대인관계, 사회 제도
- 자연: 재해

**사회 실패(비효율 포함), 사회 변화에 대한 불안, 미지의 미래에 대한 불안**

- 본인: 탐욕, 무지, 무능, 나태, 질투, 낭비, 이기심
- 사회: 대인관계, 사회 제도, 사회 붕괴 등
- 자연: 재해

나쁜 친구, 악인, 나쁜 사회와의 인연을 사전에 막아야 한다. 예를 들면, 사기, 범죄, 폭행, 마약, 도박 등은 사회의 대표적 악에 해당하며, 범죄자 자신도 모르게 시작되기 쉽고 자신도 모르게 범죄로 진행될 수 있다. 일단 엮이거나 연결되거나 일원이 되었다면, 조속히 벗어나야 이롭다. 조속

히 벗어나는 부작용이나 방해 및 보복 행위가 있을 수 있으므로 조심하여야 한다.

대인 관계는 나와 사회 상대자 사이의 관계로 사회 문제의 대부분을 차지하며, 사회 단체와 나와의 관계가 아니고 나와 상대의 개인적인 관계를 말한다. 상당히 복잡한 문제이고 인생의 중요한 과제이지만 이 책에서는 많이 다루지 않는다. 다만, 상대도 나와 같은 입장이고 인격체라고 생각하면 쉽게 예측할 수 있는 문제이기도 하다. 즉 불행의 원인 중 본인(나)의 원인이 상대에 의해서 발생할 수 있다.

### ⑸ 자연과 관련한 불행의 원인

**자연재해(기근/흉년/가뭄, 역병/질병의 창궐, 혐오 생물의 창궐, 유익 생물의 감소, 유해 생물 및 물질의 존재 등)**

- 본인: 탐욕, 무지, 무능, 나태 등
- 사회: 사회 미비 및 실패
- 자연: 재해, 사고

**불안 및 공포(미지의 자연에 대한)**

- 본인: 탐욕, 무지, 무능, 나태 등
- 사회: 사회 미비 및 실패
- 자연: 재해

자연재해는 대부분 사회가 공동으로 대응하여야 한다.

최근의 기후 변화는 세계가 공동으로 대응하고, 모든 지구인이 협력하여야 할 사항이다.

(6) 즐거움과 관련한 불행의 원인

즐거움이 과하거나 즐거움을 과하게 탐하면 불행이 된다. 즐거움이 (행복이) 불행으로 바뀌는 이유는 여러 가지이지만 대표적인 것은 탐욕이고 기타 과욕, 무지, 교만, 분노, 질투, 낭비, 게으름, 인색, 배려 부족 등이 있다.

## 2) 불행 원인의 분석

(1) 불행 원인의 정리

**개인**

- 탐욕(과욕): 이기심

- 나태(게으름)

- 무능: 능력 부족

- 무지(어리석음): 지식/생각/지각/감각/인식 오류, 판단력 부족 등

- 지혜 부족

- 교만

- 건강: 질병, 건강 미비

- 질투: 시기, 애정 부족 등

- 의심: 믿음의 부족이나, 망상에 의한 의심

- 분노(성냄)

- 인색

- 낭비

- 불운: 가난, 사고, 유전병

- 미래에 대한 불안 (미지의 나)

인생은 플러스(+)다

**사회**

- 대인 관계: 다툼, 모욕, 무시, 강탈, 강압, 시기, 의심, 비협조 등
- 사회 문제: 전쟁, 폭력, 강탈, 협박, 사기, 따돌림, 사회 제도 등
- 사회 구성원: 악인, 악연, 기타 사회 구성원
- 사회 환경: 유해 물질, 유해 환경
- 미지의 사회 및 변화

**자연**

- 재해 및 재난
- 질병
- 상해
- 미지의 환경 및 변화


(2) 불행 원인의 분류

- 본인 요인: 나태, 낭비, 건강, 무지, 지혜, 탐욕, 질투, 인색, 교만, 분노 등
- 사회 요인: 대인 관계, 유해 물질, 유해 환경, 악인, 악행, 악연, 의심 등
- 자연 요인: 자연재해, 전쟁, 질병, 예측 불가 사건(미지의 자연)


※ 본인 요인 중 탐욕(貪慾), 분노(忿怒), 나태(懶怠), 음욕(淫慾), 교만
  (驕慢), 인색(吝嗇), 질투(嫉妬)를 자체가 죄이며 또 다른 죄의 근원
  이 된다고 하여 칠죄종(七罪宗)이라고도 한다.
※ 탐욕, 성냄(분노), 어리석음(무지)을 불교에서는 3독이라 하여, 3독
  이 없는 상태를 집착으로부터 벗어난 열반의 경지라고 보기도 한다.
※ 대인 관계 문제도 알고 더 들어가 보면 결국 7죄종 3독과 관련된다.

※ 사회 환경 요인은 대부분 본인과 사회 양측 요인이라고 할 수 있다.


### (3) 종합

불행의 원인은 주로 본인에게 있다고 보인다.

왜냐하면 앞에서도 말했지만 사회 환경 요인은 대부분 양측(본인 및 상대 구성원) 요인이기 때문이다. 자연환경 요인도 본인이 사전에 요인의 발견 및 대비 노력에 따라 불행을 상당히 완화 또는 제거할 수 있다고 보기 때문이다.

불행의 원인이 본인 외에 있는 경우는 사회 환경 요인과 자연환경 요인인 경우다. 이 중에서도 가장 피하고 싶은 괴로움은 **날벼락과 억울함**이라고 할 수 있다. 그렇지만 천운과 횡재와 행운과 기적, 요행도 있으므로 성실하게 살아간다면, 억울함과 요행은 상쇄될 수도 있고 오히려 행운의 이익이 더 클 수도 있을 것이다.

인생은 플러스(+)다

# 4. 고통의 극복/해결

고통을 쉽게 이해하고 극복하기 위해 6가지로 구분해 설명해 본다.

① 피할 수 없는 고통(전4고)

② 긴급히 해결해야 할 고통(생존의 본능 문제)

③ 극복할 수 있는 많은 고통

④ 참고 견뎌야 할 고통

⑤ 예측 불가한 고통/불행(미지의 운명)

⑥ 고통은 해결해야 할 문제

## 1) 피할 수 없는 고통(전4고)

불교에서는 생로병사를 피할 수 없는 고통으로 인식했다. 피할 수 없는 고통은 받아들여야 한다. 속된 말로 피할 수 없으면 즐기라고 했다. 대표적으로 몇 가지 피할 수 없는 고통을 받아들이는 방법을 제시해 본다.

### (1) 노동, 산고

"남자는 얼굴에 땀을 흘려야 양식을 먹을 수 있으리라. 여자는 임신하여 커다란 고통을 겪고 괴로움 속에서 자식들을 낳으리라." 성경 창세기에 나오는 이야기다. 그러나 우리는 양식을 먹는 행복과 자식을 얻는 기쁨을 갖는다. 남을 도울 수 있는 기반을 갖추고, 자식을 키우는 즐거움이 준비된다. 또 일이 있어야 행복하다. (무료는 불행이다.) 일의 중요성은 제9부 인생의 길에서 자세히 다룬다. 고통을 이기고 나면, 행복이 온다. 비 온 뒤 무지개를 보는 기쁨과 상쾌함을 즐길 수 있다.

### (2) 노쇠

늙음은 삭아 스러지는 과정만이 아니라, 농후하게 익어 가는 과정이기도 하다. 늙으면서 지혜가 늘고 여유가 생긴다. 노쇠를 잘 준비하고 관리하면 즐거움과 기쁨과 행복을 창출하고, 유지하고, 생활할 수 있다.

### (3) 병

우리 몸은 스스로 치유하는 능력이 있다. 피할 수는 없지만, 불행을 줄이고 극복하고 회복하는 희망을 가질 수 있다. 병에서 회복하면 일상적인 건강이 얼마나 큰 행복인지 깨닫게 된다. 살아 있는 자체가 행복임을 알면, 조그만 병은 나에게 깨달음과 가르침을 주는 인생의 동반자라고 생각할 수 있다.

### (4) 죽음

죽음을 극복하는 가장 훌륭한 지혜는 보람된 일을 하는 것이다. 살아 있는 동안 선행과 덕행을 많이 하면 죽음에 임하여 허무하지 않고, 기쁘게 죽음을 대할 수 있다. 작은 선행이라도 하라. 하늘에 재물을 쌓도록 노력하라. 큰 덕행(인류의 발전과 평화에 도움이 되는 일)이라면 더욱 좋다.

인생은 플러스(+)다

전통의 5복 중 유호덕은 죽음을 행복하게 맞이하기 위한 준비다.

죽음은 끝이 아니다. 내가 대자연과 하나로 합치되어 영원한 안식을 얻는 길이다. (제9부 인생의 길 (어떻게 살 것인가?) 참조)

## 2) 긴급히 해결해야 할 고통(생존의 본능 문제)

다음에 열거하는 고통(주로 생존의 본능 문제)은 긴급히 해결하여야 한다. 다행히 우리 몸은 자동적으로 이러한 고통에 대응한다. 이러한 긴급하고 극심한 상황에서 고결함을 잃지 않고 순교(?)를 택하는 방법도 있지만, 우선은 구걸이라도 하고, 명예나 체면은 뒤로 미루어야 한다. 모욕과 굴욕과 창피함을 이기고 빨리 그 상황에서 벗어나야 한다. 이러한 긴급 시의 행위는 다소 위법하거나 불법이라도 정당방위라 하여 법적으로도 보호된다. 그러나 효율적 효과적으로 대응하는 방법은 평소에 생각해 두고 익히고 미리미리 대비하고 특별한 노력을 기울일 필요가 있다.

① 신체적으로 심한 통증, 극심한 피로, 생명의 위협

② 극심한 가난, 갈증, 위급한 자연환경(추위, 더위)

③ 극심한 두려움, 심각한 근심 걱정

④ 긴급한 위험(붕괴 위험, 피격 위험 등)

많은 현대인이 중요시하는 재화(돈과 물질)는 여기의 긴급한 고통을 없이할 정도가 필요하다. 그 이상은 과욕으로 행복을 크게 증가시키지 못하고 불행의 원인이 될 수 있다. 무소유의 행복은 생존의 본능을 만족시킨 후에 오는 행복이다.

## 3) 극복할 수 있는 많은 고통(상상의 고통)

앞에서 불행 원인을 정리한 것을 보면, 불행의 대부분 원인은 나에게서 비롯된다. 즉, 내가 하기에 따라 많은 불행을 극복할 수 있다. "가장 강한 사람은 자신을 이기는 사람이다."라고 하는 이유다. 자신을 제어하도록 노력하여, 7죄종 특히 3독인 탐욕, 성냄(분노), 어리석음(무지)을 극복하도록 평소에 열심히 노력해야 한다.

근심 걱정 스트레스는 만병의 근원이라고 한다. 근심 걱정은 불행의 친구이며 동반자다. 그만큼 근심 걱정은 몸에 해롭다. 그런데 대부분의 근심 걱정은 쓸데없는 상상에서 나온다. 몇 가지 예를 들어 설명해 보자.

'내일 골프 약속이 있는데 비가 오면 어쩌지?'라는 근심은 헛되다. 근심을 하는 대신에 우산을 준비하는 일이 옳다. 비가 많이 오면 계획을 바꾸면 된다.

시험에 임하면 걱정이 되고 떨게 된다. 나는 경험으로 '20% 법칙'을 갖게 되었다. 성적이 항상 실력에 비례하지는 않는다. 20% 좋게도 나오고, 20% 나쁘게도 나온다. 이것이 나의 20% 법칙이다. 시험에서 떨리는 이유는 실력에 비해 성적이 나쁘게 나올까 봐 떨게 되는 것이다. 결론은 실력을 필요한 성적보다 20% 올려 놓거나, 실력보다 20% 낮게 나오는 성적을 받아들이면 된다. 운이 좋을 때도 있고 나쁠 때도 있는 법이다. 그리고 그렇게 마음을 편히 가지면, 떨면서 시험 볼 때보다 성적이 좋게 나올 것이다.

서양 속담에 "다리에 도달하기 전에 다리가 무너질 걱정을 하지 말라." 는 말이 있다.

'이번 인사에서 승진에 누락되면 어쩌지?' 많은 사람들이 자주 하는 걱정이다. 그런데 이러한 걱정의 끝은 죽음이라는 것이다. '승진 누락 → 치욕감 → 퇴직 → 가난 → 굶주림 → 죽음' 이런 식이라는 것이다. 대부분 걱정의 끝이 죽음인데 죽음은 누구도 피할 수 없는 일이다. 그럴 이유도 없는데 미리 걱정한다는 것이다. 우리 걱정의 90%는 쓸데없는 걱정이라고 한다. 걱정 대신에 대책을 세워야 하고, 불가피한 결과는 받아들여야 한다.

의심은 병이다. 의심의 반대 개념이 믿음이다. 의심은 걱정의 일부라고 볼 수도 있지만, 자꾸 더 커질 수 있다는 면에서 상당히 우려할 만한 걱정이다. 특히 의심의 많은 경우가 사실이 아닌 것으로 판명되기 때문이다. 의심이 나면 가급적 빨리 확인을 하고 확인을 할 수 없으면 의심을 거두어야 한다. "확실하지 않으면 내게 유리한 쪽으로 해석하라."는 유명한 말이다. 확실하지 않으면, 나든 상대든 용서하고, 상대를 심판하려 하지 말아야 한다.

"남을 심판하지 마라. 그러면 너희도 심판받지 않을 것이다. 남을 단죄하지 마라. 그러면 너희도 단죄받지 않을 것이다. 용서하여라. 그러면 너희도 용서받을 것이다." 성경에 나오는 말이다.

## 4) 참고 견뎌야 할 고통

이미 닥친 고통으로 특별한 해결책이 보이지 않는 경우도 있다. 이런 때에는 참고 기다리면 호전되거나 전화위복이 되는 경우가 많다. 새옹지마는 화가 복이 되기도 하고, 복이 화가 되기도 하는 유명한 예이다. 요약하면 이렇다. 「변방에 사는 한 노인이 기르던 말이 오랑캐 땅으로 도망가는 불행이 발생했다. 그러나 얼마 후, 도망갔던 말이 준마를 데리고 돌아오는 행운이 왔다. 이후 그의 아들이 그 말을 타다가 떨어져 다리를 다치는 불행을 당했다. 전쟁이 일어나 많은 젊은이가 전쟁에 나가 목숨을 잃었지만, 다리를 다친 그의 아들은 징집을 면해 살아남았다.」

## 5) 예측 불가한 고통/불행(미지의 운명)

도저히 예측할 수 없고, 대비할 수도 없는 사건을 당하는 억울한 경우도 있다. 예를 몇 가지 들면, 암의 진단이나 넘어져 뇌진탕을 당하는(개인적 불운) 사건이 있을 수 있다. 사회에 폭동이 일어나는(사회적 불운) 불운이 발생할 수도 있다. 자연적 재앙(자연적 불운)이 닥칠 수도 있다.

억울하지만 이런 때에는 참고 견뎌야 한다. 운명이라고 받아들이고 (Amor Fati!: 라틴어로 '운명을 사랑하라.'는 뜻임), 그 상황에서 최선을 다하며 견뎌야 한다. 미지의 행운이 있을 때도 있다고 자위하며 견뎌야 한다.

개인적인 불운, 사회 요인, 자연 요인에 의한 불행이라 해도 내 잘못이 전혀 없는 경우는 거의 없다. 즉, 우리는 평소에 사회의 발전, 자연의 개발에 협력하여야 한다. 그럼으로써 사회 및 자연의 위험에 대비하여야 한다. 또 개인적인 불운을 당하더라도 사회나 자연만 탓하지 말고 긍정적으로 생각하고 불운을 예방하도록 노력하고 고통을 극복하고 해결하도록 노력하여야 한다.

누차 설명했듯이 우리에게 불운만 있는 것이 아니고, 내 노력이 없는 행운도 많다. 행운, 횡재, 행운의 기적 같은 일이 일어나기도 한다. 긍정적으

인생은 플러스(+)다

로 생각하고 항상 희망을 잃지 말아야 한다.

## 6) 고통은 해결해야 할 문제

나의 노력에도 불구하고 상대방이 나를 미워하거나 나에게 악행을 하는 경우가 있다. 그렇지만 사회 관계상 피할 수만도 없다. (소위 불교에서 말하는 원증회고의 괴로움)

비가 오면, 우산을 만드는 아들에게는 좋지만, 염전을 경영하는 아들이 걱정이다.

인생은 괴로움의 연속이라고 한탄하는 사람들이 많다. 피할 수 없는 괴로움이 있지만, 극복책이나 해결책도 없는 것이 아니다. 병이 있으면, 약이 있고 의사가 있다. 고통은 인생에서 당연히 있는 문제이고, 우리가 풀어야 할 숙제이다. 제8부 인생 문제에 대응에서 다룬다.

### 고통을 다스려야 하는 이유

고통이 심하면 판단력을 흐리게 하여 2차적인 불행을 초래할 수 있다. 또 사람에 따라, 고통은 정신장애를 일으키고 자살까지도 유발한다.

건강 등의 이유로 현재 절망적인 상황에 있는 사람이라도 희망으로 미래에 대처하고 행복에 이를 수 있다. "하늘이 무너져도 솟아날 구멍이 있다."는 속담이 그냥 있는 말이 아니다. 급작하거나 심한 고통에서도 정신을 똑바로 갖고 대처하라는 말이다. 현재의 고통 불행이 더 큰 고통이 되거나 새로운 고통을 유발하지 않도록 자신을 다스리고 조심하고 대처하여야 한다. "호랑이에게 물려가도 정신을 똑바로 차려야 한다."는 속담도 같은 의미의 좋은 가르침이다.

행복이 불행의 원인이 될 수 있으니, 그것이 탐욕이다. 부자가 더 갖지 못하여 괴로워하거나, 더 높은 지위에 오르지 못하여 불행하다고 생각하는 것이 탐욕이다. 어느 정도에서 자신의 마음을 다스려야 한다.

무지가 불행의 원인인 경우도 자신을 다스려야 하는 예이다. 행복도 시효가 있다고 할까. 세상 모든 것이 변한다는 진리에 따라 행복도 영원하지 않음을 알고 자신을 다스려야 하는 예다.

3독인 탐욕, 무지, 성냄을 습관에서 없애거나 스스로 마음을 다스려 불행을 극복하여야 하다.

제7부

인생의 즐거움
(행복)

행복의 사전적 의미는 '생활에서 기쁨과 만족감을 느껴 흐뭇한 상태'이다. 그렇지만 행복의 느낌은 사람마다 또 때에 따라 다르기도 하다.

행복의 특징을 생각해 본다.

① 행복은 대체로 주관적 느낌이다. (행복은 상대적 개념)

한 끼를 벌어도 행복한 사람이 있고, 천금이 생겨도 불만인 사람이 있다.

② 행복은 일반적으로 짧게 느낀다.

열흘을 앓은 감기가 나았으나 행복함을 느낌은 그때뿐이다.

③ 불행에서 벗어나면, 행복함을 느낀다. (불행은 행복의 디딤돌)

아프거나, 배가 고프거나, 불편함에서 헤어나면 행복감을 느낀다.

④ 행복감에도 차이가 있다.

불행하지 않음 → 편안함, 만족함 → 기분 좋음 → 즐거움, 기쁨 → 쾌락, 희열 → 감동

살아 움직일 수만 있어도 행복인데, 행복감을 느끼지 못하는 경우가 많다.

사실 감동은 최고의 행복인데, 그 가치를 잘 모르는 사람들이 많다. (부록4 감동 참조)

⑤ 마음먹기에 따라, (마음만으로) 행복을 찾을 수 있다.

공자가 말했다. "배우고 때에 맞게 그것을 익히면 또한 기쁘지 않겠는

인생은 플러스(+)다

가? 벗이 먼 곳에서부터 온다면 또한 즐겁지 않겠는가? 남이 알아주지 않더라도 화를 내지 않는다면 또한 군자가 아니겠는가?"

맹자는 군자 유삼락이라며 "우러러 하늘에 부끄럽지 않고 굽어보아 사람들에게 부끄럽지 않은 것이 두 번째 즐거움이다."라고 하였다.

⑥ 감사하면 행복을 느낄 수 있다. (감사와 행복은 동전의 양면)
사고가 났지만 이 정도의 경미한 사고인 것에 감사하면 행복해진다.

⑦ 잘못된 행복도 있다.
- 거짓말, 사기, 불의로 이익을 취한다. (노름, 도박, 착취, 강탈 등)
- 부정한 소유, 과소유, 권력 남용, 불법으로 얻은 성공, 명예 등
- 과한 쾌락, 불법 쾌락(마약, 불륜 등) 등으로 인한 일시적 행복감
- 나만 행복하고 주위는 불행하다면, 이는 진정한 행복이 아닐 것이다.

⑧ 위험한 행복도 있다.
- 요행, 횡재에 따른 행복은 잘못된 행복은 아니지만, 주의할 점이 있다.
- 과한 행복은 위험할 수 있다.

⑨ 참행복도 있다. (행복도 배우고 깨달아야 한다)
보통의 사람은 행복이라고 느끼지 못할 수도 있지만, 깨달은 사람이 느낄 수 있는 내적 감동 같은 행복은 참 행복이라고 할 수 있다.
- 배우고, 익히고, 가르치는 즐거움
- 남몰래 선행 또는 희생을 했을 때 느끼는 행복

- 의로운 일을 했을 때 느끼는 행복
- 신약 성서에 나오는 참행복(眞福八端)은 깨달아야 하는 행복이다. 이
  때에는 기뻐하고 즐거워하라고 하였다.
- 불교에서 말하는 4 무량심(無量心) 즉 자(慈), 비(悲), 희(喜), 사(捨)의
  마음만 가져도 행복하다.

자: 중생에게 즐거움을 주려는 마음

비: 중생의 고통을 없애려는 마음

희: 중생이 즐거워하는 것을 보고 즐거워하는 마음

사: 중생에 대해 원수와 친한 사람을 구분하지 않고 평등하게 대하는 마음

⑩ 크고 긴 행복이 있다. (인생의 목적/목표로서의 행복)

전래되어 내려오는 5복(五福)이 좋은 예다. (제5부 인생의 목적/목표
참조)

⑪ 너무 안정된 평화에서는 행복을 못 느낄 수 있다.

인간은 변화를 두려워하기도 하지만, 적절한 변화를 원한다.

⑫ 이상적인 행복이 있다. (인생의 목적/목표로서의 행복)

건강, 만족스러운 생활 여건, 평화로운 주변 환경, 변화를 동반한 즐거
움, 밝은 꿈과 희망이 동시에 이루어진다면 완벽한 행복이 될 것이다. 이
런 완벽한 행복은 다음 조건을 의미하는데 한순간도 이루기 어려운바, 오
랜 지속은 욕심일 뿐이고, 마음과의 적절한 타협이 있어야 할 것이다. (인
생의 목표는 제5부 인생의 목적/목표 및 제9부 인생의 길 참조)

인생은 플러스(+)다

- 생존의 보장

- 불행하지 않을 것: 근심, 불안, 놀라움, 공포, 슬픔, 혐오, 분노가 없을 것

- 자유와 불리하지 않은 변화가 있을 것

- 행복한 상태일 것 : 만족, 기분 좋음, 즐거움, 기쁨, 쾌락, 감동 등의 상태

# 1. 행복의 종류(행복의 근원)

즐거움을 지나치게 추구하거나 잘못된 즐거움을 추구하면, 그것이 괴로움이 되고, 주위와의 불균형을 야기하여 평화를 해치고 고통을 유발할 수 있다. 따라서 즐거움의 뿌리를 알아보며, 즐거움에 따른 위험도 함께 알아본다. 즐거움에 따른 위험은 물음표(?)로 표시하였다.

## 1) 생존의 인생과 관련한 즐거움

- 식음의 즐거움: 먹고 마시는 즐거움을 대체로 특수한 경우에만 느끼는 사람이 많다. 항상 즐거움을 느끼지 못하는 이유는 너무 풍족하게 먹고 습관적으로 먹기 때문일 것이다. 하루에 3시간(간식 시간을 포함하여)을 식음에 사용한다고 하면 인생의 약 1/8에 해당하는 긴 시간이다. 음식을 꼭꼭 씹어 먹고 음식을 기쁘게 감사하며 먹고 마시면 건강에도 좋고 인생의 1/8을 행복하게 사는 것이 된다.
? 음식을 과하게 섭취하면 소화불량이나 과체중 등 병의 원인이 될 수 있고 따라서 고통이 될 수도 있다.
- 풍요의 즐거움: 대체로 넉넉하면 마음도 푸짐해지고 정신적 여유도 생긴다. 물질이나 사랑을 베풂으로서 선행을 할 수도 있다.

? 과한 소유나 불균형의 풍요로움은 사회의 평화를 위협하고 불안의 원인이 된다.

- 성적 쾌락: 적당한 성적 즐거움은 인류의 종족 유지 및 인류의 번성과 인류의 행복과 평화를 위해 인간에 부여된 선물일 것이다.

? 나의 쾌락이 남에게는 심각한 위해가 될 수 있는 양날의 칼과 같은 것이 성적 쾌락이다. 또 성적 능력이 사람이나 나이나 상황에 따라 다르므로 성적 쾌락은 적절히 절제될 필요가 있다. 지나친 성적 탐욕은 신체적 또는 정신적 병의 원인이 될 수 있다. 또 지나친 성적 탐욕은 사회적 문제를 야기하고 본인에 괴로움과 불행으로 돌아올 수 있다.

- 숙면 및 휴식의 즐거움: 잠을 잘 자고 나면(숙면하면) 몸이 개운하고 날아갈 듯 상쾌하다. 숙면과 적절한 휴식은 즐거움이고 행복임에 틀림없다. 하루에 6~8시간을 잔다고 하면 인생의 약 1/4~1/3에 해당하는 긴 시간이다. 어떻게 하면 숙면하고 무엇이 적당한 휴식인가? 마음이 편하여야 하고, 적당한 일이 있어야 할 것이다. 적당한 일과 편한 마음으로 숙면과 휴식을 취하여 인생 1/3의 행복을 확보해야 한다.

? 과도하거나 불규칙한 수면이나 휴식은 건강에 해가 될 수 있다. 특히 수면이나 휴식은 습관화되기 쉽고 일단 습관이 되면 고치기 어려우므로 주의하여여 한다.

- 자손의 번성: 자손이 건강하게 자라고, 행복해하는 것을 보는 즐거움도 대단하다.

? 자손의 번성도 과하면, 내부 분란이나 외부 사회에 해가 될 수 있다.

- 어려움에서 벗어나는 즐거움: 가난, 병, 불편함 등의 고통에서 벗어날 때

- 노년의 즐거움: 늙는 일이 괴로움만은 아니다. 나이가 들면 아는 것이

많고, 욕망이 줄어들고, 젊을 때에 이루어 놓은 것이 있어 여유가 생길 가능성이 많다. 젊을 때에 건강에 유의하고 일할 능력을 유보하며, 적당한 인간관계를 유지하며 노년에 대비했다면 좋은 음악, 좋은 기억 및 추억, 좋은 취미나 많은 즐길 거리가 있어 좋다. 여유롭게 사회에 좋은 일을 할 수도 있다.

? 주위와의 조화와 평화를 생각하고 곧 닥칠 마감의 시간도 생각해야 한다.

- 죽음의 즐거움: 죽음도 나쁜 것만은 아니다. 죽음으로 나쁜 사람들과 영원히 멀어지고, 모든 어떠한 고민과 괴로움도 없어지는 즐거움이 있다. 죽음의 손익은 살아 있는 동안 이웃과 인류와 자연에 기여한 것이 조금이라도 있다는 보람일 것이다. 죽음은 100 미터 경주의 골인 지점이고 마라톤의 완주다. 죽음 이후에 영의 세계를(부록 1 참조) 기대해 볼 수도 있다.

? 죽음이 큰 후회나 너무 많은 후회를 남기지 않도록 죽음을 대비했다면 죽음도 괴로움만은 아닐 것이다.

## 2) 욕망의 인생과 관련한 즐거움

- 욕망의 성취: 욕망은 대체로 소유와 권력과 명예에 관련된다고 한다. 많은 부, 큰 권력, 높은 명예의 성취는 당연히 즐거움이고 행복이다. 그러나 소유와 권력과 명예가 자기만족에 끝나서는 소인의 짧은 행복일 가능성이 크다. 그것들이 주위의 행복과 평화로 널리 퍼질 때에 자신의 진정한 즐거움과 행복이 되고 오래 지속될 것이다. 또 물질적 행

인생은 플러스(+)다

복이 허상인 경우는 물질적 행복이 불행을 치유하지 못할 때이다(죽음 앞의 백만금). 욕망 달성의 경과가 '기차 운행 취소된 기차표(사용할 대상이 없거나, 사용하지 않는 물질)'가 될 수도 있다.

욕망의 작은 성취나 실패도 마음먹기에 따라 행복이 될 수 있고 더욱이 참행복이 될 수 있다.

? 달이 차면 기운다고, 성취유지의 어려움과 내려갈 걱정이 없을 수 없다. 또 더 큰 욕망 과대망상의 원인이 되기도 한다(탐욕). 나의 욕망 달성이 주위의 평화에 해가 될 수도 있다. 욕망을 성취하면 교만해지기 쉽고, 나태해지기도 쉽다. 상대적으로인색하다는 세평을 듣기 쉽다. 더 큰 성취를 이룬 사람에 대한 질투심을 유발하기도 한다. (시기 질투의 대상)

- 놀이나 몽환의 즐거움: 적당한 취미나 취미생활은 인생의 즐거움이며 생활의 활력소가 되기도 하고 이웃과의 친교에 도움이 된다. 때로는 취미가 직업으로 발전하기도 한다. 술, 담배, 환각제(마약류?), 등은 약하게 사용하면 즐거움이 될 수도 있고, 치유의 효과도 있을 수 있다고 한다.

? 과도한 취미생활은 건전한 생활의 리듬을 깨고 노름이나 도박으로 변질되기도 한다. 술, 담배, 환각제(마약류?), 등은 사용량이 점점 더 늘어야 효과를 나타내는 중독성을 가진다. 결국은 건강과 경제에 해를 끼치고 주위에 해가 되고 고통의 원인이 된다.

### 3) 진리의 인생과 관련한 즐거움

진리 추구의 즐거움은 본능적으로 느끼기도 하지만 경험을 통하여 또는 인지 활동에 의하여 더욱 확실하고 깊이 있게 느낄 수 있다. 진리의 추구에서 오는 즐거움은 때때로 감동에까지 이른다. 예를 들면 남을 도와주면 본능적으로 뿌듯하게 느낀다. 하지만 동물의 모성애나 들꽃의 어려운 환경을 이겨 낸 생명력을 보고 어떤 사람은 감동을 받고 어떤 사람은 무감각하다. 진리의 인생은 생존의 인생이나 욕망의 인생보다는 더 많은 사고와 공부가 필요하다. 진리의 인생에 따른 즐거움이나 행복은 감동, 희열, 큰 행복 또는 참행복이라고 할 수 있으며, 생존의 인생이나 욕망의 인생에서의 행복감보다 더 크고 건강에도 더 유익하다.

진리 추구의 즐거움을 향유하되, 항상 교만을 경계하는 겸손, 탐욕을 없애는 절제, 분노를 참아내는 인내, 나태를 경계하는 근면, 타인을 행복하게 하는 온유와 친절, 나를 깨끗하게 하는 순결을 생각하여 변하는 나를 경계하여야 한다.

- 자유의 즐거움: 본능적인 자유로움은 행복의 기본이다.

? 타인의 자유를 침해하는 자유를 경계하라. 지나친 자유는 타인이나 타물에 피해를 줄 수 있고 결과적으로 나에게 괴로움으로 돌아올 수 있다.

- 지혜의 즐거움: 진리를 알면 사고 범위가 커지고, 더욱 자유롭고 행복하다. 지식이나 지혜를 얻기 위한 배움은 그 자체가 즐거움이다.

? 참지혜인지 지혜로 오인되는 착각인지 주의하라.

- 여유의 즐거움: 소요유(逍遙遊: 소풍 가듯, 놀듯, 유람하듯)는 자유롭

인생은 플러스(+)다

고 자연스러운 면에서 진리를 추구하는 즐거움이다.

? 역시 과하지 않아야 한다.

- 깨달음의 즐거움: 진리를 깨우치면 그 자체가 즐거움이다.

? 진정한 깨달음인지 숙고하고 재고하라.

- 용기의 즐거움: 진정한 용기는 많은 사람을 구한다.

? 옳은 용기인지 확인하고 또 확인하라.

- 인내의 즐거움: 공자가 말했다. "남이 알아주지 않더라도 화를 내지 않
  는다면 또한 군자가 아니겠는가?"

? 겸손하여 자만하지 말고 교만하지 않아야 한다.

- 교육의 즐거움: 맹자가 말했다. "천하의 영재를 얻어 교육하는 것이 큰
  즐거움이다."

? 가르침이 쓸데없는 또는 바람직하지 않은 훈수가 되어서는 안 된다.

- 공부의 즐거움: 공자가 말했다. "배우고 때에 맞게 그것을 익히면 또한
  기쁘지 않겠는가?"

? 공자가 말했다. "배우기만 하고 생각하지 않으면 어두워진다."

- 사랑의 즐거움: 공경하고 사랑하고 헌신하면 그것이 즐거움이고 행복
  이다.

? 잘못된 사랑은 이성을 잃게 할 수 있고, 나나 타인에게 피해를 줄 수
  있다. 친구라도 항상 좋을 수는 없다. 나쁜 친구도 있다.

- 희망의 즐거움: 미래에 대한 희망을 가지면 행복하다.

? 허황된 기대나 터무니없는 희망은 불행을 잉태할 수 있다.

- 선(善)의 즐거움: 베풂, 헌신, 희생은 바로 즐거움이고 희열이다.

? 단, 교만을 경계하고 대가를 구하지 않아야 한다.

- 미(美)의 즐거움: 아름다움을 향유하고 희열을 느낌은 인간의 특권이다.
**?** 미의 즐거움도 과하면 교만이나, 나태나 탐욕이 될 수 있다.

## 4) 사회와 관련한 즐거움

- 좋은 사람과의 만남: 공자가 말했다. "벗이 먼 곳에서부터 온다면 또한 즐겁지 않겠는가?" 우연히 의인을 만날 수 있다. 정의의 흑기사, 백마 탄 왕자를 기대해도 좋다.
**?** 하는 일 없이 운만 기대하면 불행해질 수 있다.
  베풂의 즐거움: 봉사, 희생, 헌신, 기부 등은 타인을 돕고 사랑하는 일이지만, 동시에 베푸는 사람의 행복이다.
**?** 자만하지 말고 교만하지 않아야 한다.
- 사회 발전에 기여: 사회 구성원으로서 당연한 임무이지만, 쉽게 할 수 없는 훌륭한 일이다. 당연히 나의 즐거움이고 보람이다.
**?** 교만하지 말고 너무 큰 대가를 바라지 않는 것이 좋다.
- 천운: 자신의 별다른 노력 없이 신분 상승, 출세, 대성공 등을 이루는 경우도 있다.
**?** 천운을 너무 기대하면, 게으르고 나태가 습관화된다.
- 행운: 자신의 특별한 노력 없이 사업에 성공하거나, 명예를 얻기도 한다.
**?** 행운을 너무 기대하면, 게으르고, 손실을 볼 수 있으며, 사회에 폐가 될 수 있다. '복권 구입은 확률을 모르는 사람이 내는 세금이다.'라는 말이 있다. 적당히 자기 능력 범위 내에서의 복권 구입은 사회에 도움이 되는 일일 수 있다.

- 횡재/요행: 기대하지 못했던 좋은 일이 발생할 수 있다. 예를 들면 뜻하지 않게 산삼을 발견했거나, 게임이나 경쟁에서 나보다 상대가 더 큰 잘못을 하여 내가 승리할 경우가 있다.
? 요행이나 횡재를 너무 기대하면 나의 발전이 없다. 결국 불행이 따른다.
- 미래를 모르는 즐거움: 위의 천운, 행운, 횡재, 요행도 미지의 미래에서 오는 즐거움이지만, 우연찮게 타인의 도움을 받는 경우는 오히려 허다하다. 내가 남을 배려하고 도우듯이, 남도 누군가를 돕기 때문이다. 좋은 사회에서는 이런 일이 허다한 것이 일상이다. "누군가 나를 위해 기도한다."는 말이 있다. 미지의 미래는 나쁜 일만 있는 것이 아니고 좋은 일도 많다. 좋은 사회일수록 좋은 일이 나쁜 일보다 많을 것이다. 가끔 기적같이 좋은 일이 일어난다.
? 허구한 날 남이 나를 돕기를 기다리는 마음은 나를 나태하게 만든다. 다만, 많은 사람을 만날 필요는 있다. 또 남을 배려하고 도와주고 희생 및 헌신을 생활화하면, 진정으로 타인의 도움이 필요할 때에 타인의 도움이 있을 것이다.

## 5) 자연과 관련한 즐거움

- 좋은 먹거리, 깨끗한 물, 맑은 공기가 풍족한 즐거움
? 양이 많은 것만이 풍족한 것은 아니다. 소유만이 내 것이 아니다.
? 자연이 주는 풍요로움에 감사할 줄 모르고, 자연의 풍족함을 잘 보존하지 못하고, 잘 이용하지 못하면, 자연은 나중에 불행으로 반격한다.
- 넉넉한 의식주나 에너지가 주는 즐거움: 남을 도울 수도 있고, 일부를

사회에 환원할 수도 있다.

? 필요 이상 보유하면, 썩을 걱정, 빼앗길 걱정 등 과유불급일 것이다.

- 자연은 우리가 필요한 모든 물질, 자재, 약재 등을 공급한다. 자연에
감사하면, 즐거움도 따라온다.

? 모든 물질을 제대로 알고 적절히 사용 및 이용하여야 한다.

- 휴식의 즐거움: 자연은 평화롭고 안락한 공간을 제공한다. 역시 감사
하여 행복을 느낄 수 있어야 한다.

? 너무 편하면 인간은 빨리 늙고 게으르게 된다.

- 자연의 위험을 알아내거나, 감지하고, 대처한다. 그러므로서 사회에
기여하는 즐거움이 따른다.

? 교만하지 말고 너무 큰 대가를 바라지 않는 것이 좋다.

- 자연의 아름다움(美)을 아는 즐거움: 자연 경치, 경관, 조화로운 동식
물, 아름다운 꽃 등의 아름다움을 아는 일은 지혜다.

? 지나친 탐닉은 게으름이다.

- 미지의 자연은 때로 행운과 기적을 선물한다: 풍년, 풍어, 경이로운 행
운의 기적 등이 발생한다.

? 행운을 너무 기대하지 말고, 감사하면 오는 선물이니 타인과 나누어라.

- 대자연의 적절한 변화 자체가 즐거움이고 감동이다: 인간에게 창의력
과 용기를 키워주고 진리를 알려 준다. 감동하고 감사하면 더욱 좋다.

　　　　　　　　　　　　　　　　　인생은 플러스(+)다

# 2. 행복의 발견/안정/확대

행복하려면 먼저 불행을 극복하여야 한다. 제6부 인생의 문제 (불행)를 제7부 인생의 즐거움 (행복)보다 앞에 배치한 이유다. 불행을 이기더라도 바로 행복이 오는 것은 아니다. 행복을 찾아야 한다.

## 1) 자주 항상 감사한다

우리는 자주 행복을 놓친다. 행복함을 느끼지 못하고 인생의 시간을 보낸다. 감사하면 행복함을 알 수 있고, 느낄 수 있고, 행복을 찾을 수 있다. 평범한 일상이 행복인 것을 놓친다. 설혹 약간의 괴로움이나 불행이 있더라도 그런 중에도 행복이 있음을 발견해야 한다. 투병 중에도 우리 몸에 회복력이 있다는 것을 알면, 감사하게 되고 행복함을 느낄 수 있다. 설혹 우리 몸의 일부만이 정상적이라도 감사하면 행복이 있다. 자주 항상 감사해야 한다.

## 2) 기뻐한다, 즐거워한다

의로운 생활 옳은 생활을 하면, 행복해질 자격이 있다. 그때에는 기뻐하고 즐거워하라. 더욱 행복해진다. 외향적인 사람이 더 행복하다는 이론이 있다. 행복을 밖으로 표현하라. 더욱 행복해질 수 있다.

감동을 할 수 있으면 최상의 행복을 만끽하는 것이다. 감동에 벅찬 울음도 최상의 행복이며, 건강에 최고로 좋다. 가능하면 자주 감동하라. 감동을 학습하고 연습하면, 감동의 기회가 많아진다. (부록 4 감동 참조)

### 3) 긍정적으로 생각한다

불행은 행복에 올라서는 디딤돌이다. 불행을 경험한 사람은 행복을 배로 느낄 수 있다. 누군가는 인생 최고의 스승을 실연, 가난, 실패라고 하였다. 역경이 사람을 만든다(Adversity is a training for man).

"확실하지 않으면 내게 유리한 쪽으로 해석하라."는 말도 유용하고 좋은 생각이다.

### 4) 깨달아야 한다

깨달아야만 아는 행복이 있다. 어릴 적에 놀이에 지고 씩씩거리거나 울면, 부모는 아이에게 "지는 것이 이기는 것이야."라고 위로하곤 한다. 그때에는 무슨 소리인지 모르고 그냥 위로하는 말로 알아들었다. 아니 성인이 된 후에도 이해하기 쉽지 않다. 앞에서 기술한 참 행복이 있다. 공부하고 노력하여 깨달아야만 하는 행복이 많다.

희생이나 봉사 활동을 해 보면, 내가 느끼는 뿌듯함이나 행복감이 크다는 것을 알게 된다.

## 5) 지나친 행복은 자제한다

많을 때는 나눌 줄 알아야 한다. 높은 봉우리에 올랐으면, 내려갈 준비도 해야 한다. 행복이 지나치면 불행이 올 수 있다. 과한 욕심을 버리고, 적절히 만족하고 전진하라.

## 6) 행복의 선순환(善循環)

"광에서 인심 난다."는 옛 속담이 있다. 행복하면 여유가 생기고 여유가 생기면 남을 도울 줄 알고, 남을 도우면 주변이 평화로워지고, 나는 더 행복해진다. 남을 용서하고, 나를 용서하면 역시 더 행복해진다.

행복하면 밝아지고, 기분이 좋아지며, 기뻐하면 혈액 순환이 잘되어 건강이 좋아진다.

행복해지면 긍정적이고 적극적인 생각을 하게 된다. 생활에 긍정적이고 적극적이면 활력이 넘치는 생활을 하게 되어 더욱 행복해진다.

## 7) 바른 생활을 한다.

인생의 바른 목표를 가지고(제5부 인생의 목표/목적 참조) 바른 생활을 (제9부 인생의 길 참조) 하면 행복은 당연히 온다.

# 3. 인생은 플러스(+)다

　많은 사람들이 '인생은 괴롭다.'고 한다. 심지어 불교에서는 인생은 고해(苦海)라고 한다. 인생이 고통의 바다라는 말이니, 너무 심하다는 생각이 든다. 하지만, 오랜 역사의 심오한 가르침인 불교에서 말했으니 일리가 있는 말일 것이다. 다만, 불교에서는 고통이 없으면 평화와 즐거움만이 남을 것이므로 고통을 없애는 데 각별히 집중하고 있음을 알 수 있다. "고통(불행)은 집착에서 오며, 집착을 없애고 도를 깨우치면, 고통을 없애고 행복할 수 있다." 즉, 고집멸도(苦集滅道)의 가르침이 대표적이다. 또 인간이 피할 수 없는 고통으로 생로병사(生老病死)를 들고 있다. (제6부 인생의 문제 참조)

　인생이 온통 즐거운 바다라고 말할 수는 없겠지만, 인생의 멋지고 훌륭한 면을 찾아 인생의 즐거움을 알아보자.

## 1) 인생의 고귀함

- 인간은 태어날 때에 이미 많은 능력을 가지고 태어난다. (제2부 나는 누구인가? 1. 역사의 나 참조) 한 마디로, 인간은 존귀하게 태어난다. 말하고, 걷고, 달리고, 생각하고, 말하며, 보고, 들을 수 있다. 일하고,

꿈꾸며, 사회 생활하는 일이 몇 날 몇 달의 교육만으로 되는 일이 아니다. 조금 부족한 사람도 있고 남보다 모자란 경우도 있지만, 인간의 능력은 대단하고 대단하다. 인간은 역시 존귀하다.

- 인간은 항상 더 나아지려고 하고, 꾸준히 노력하는 훌륭한 자연의 동반자다.

어린이의 순수함과 꾸밈없는 웃음, 소년 소녀의 즐거운 활동과 희망, 청년의 활력과 자신감과 풋풋함이 모두 고귀한 행복이다.

- 인간은 초월적 본능이 있어 진리를 추구한다. (제1부 인생의 본질 3. 진리의 인생 참조) 영원, 무한, 무(0, 없음)를 이해하고, 진선미의 진리를 추구한다.

인간은 창의력으로 새로운 것을 창조하고, 인류의 행복과 평화에 기여한다.

사회를 이루어 협력하고, 인간은 나 이외의 대상을 사랑/배려할 줄 안다.

인간은 자연을 최대한 이용하고 개발하고, 자연을 즐기고 협력할 줄 안다.

인간은 대자연과 인류의 조화를 도모하고 대자연과의 평화에 기여한다.

- 진리를 알고 또 공부하면, 행복할 기회는 더욱 늘어난다.
- 신비로운 자연, 멋진 자연, 이상적인 사회에는 많은 행복이 숨어 있다. 어떠한 어려움이라도 정의를 위해서라면, 참 행복을 막지 못한다는 진실을 아는 사람은 안다. ("아는 만큼 보인다.")

## 2) 인생의 멋과 맛

이상의 이유만으로도 인생은 멋질 수 있겠지만, 불교에서 말한 8고의 하나하나에 대해 그에 대응하는 즐거움이 있음을 알아본다.

- 생(生)의 괴로움으로 일해야 하는 고통과 산고, 즉 태아 분만의 고통을 대표적인 고통으로 든다. 그러나, 일 즉, 노고의 대가로 얻는 식음의 즐거움과 휴식만으로도 인생의 1/4~1/3은 행복할 수 있다. (제7부 인생의 즐거움 1. 행복의 종류 참조) 산고의 고통이 있지만, 성적 쾌락이 있고, 육아의 즐거움, 기쁨과 보람은 한 번의 고통을 보상하고 남는다. '살아 있는 자체가 행복'임을 알고 수시로 감사하면, 행복할 기회는 상당히 늘어난다. 봄의 따스함, 여름의 풍성함, 가을의 청명함, 겨울의 기도가 있는데 더 무슨 인생의 멋을 찾아야 하는가?
- 살면서 잘 이해하고, 노력하고, 준비하면, 늙음은 인생의 괴로움이나 실패가 아니고 인생의 열매를 추수하는 성숙함이기도 하다. 조그만 재미라도 느낄 수 있다면, 조그만 일로라도 이웃을 돕는다면, 인생의 노년에 여유와 행복이 넘칠 수 있다.
- 병고에서 회복하면 병의 근본 원인을 제거하거나 건강을 개선하여 더욱 건강해지고 행복해질 수 있다. 또 자신의 잘못된 생활을 확실히 인식하는 계기가 되어, 불행이 행복으로 전환되기도 한다. 현대 의학의 발달로 병고에서 회복될 확률은 높아지고, 수명이 늘어나고 있다. 병이 있어 건강의 중요함과 행복감을 더욱 느낄 수 있다.
- 미리미리 잘 알고, 이해하고, 준비하면, 죽음은 인생의 괴로움이나 실패가 아니고 인생의 완성이다. (제9부 인생의 길 참조)

인생은 플러스(+)다

- 애별리고: 우리는 일생 동안 많은 좋은 사람들을 만난다. 이 세상에는 나쁜 사람보다 좋은 사람이 더 많고 좋은 사람을 더 많이 만날 수 있다. 우리가 좋은 사회를 만들면 확실히 더 그렇다. 사랑의 애틋함, 짜릿함, 푸근함, 평화와 만족감은 인간이 특히 많이 누리는 행복인 것 같다.

- 구부득고: 이 말은 과욕과 통한다. 욕심을 없애거나 줄이면, 구부득고는 사라진다. 따라서 지혜를 구하라는 말과 같다. 지혜를 구하고 과욕을 절제하여 행복하고 즐겁게 살 수 있다. 인생에서 못 얻는 것도 많겠지만, 정말로 좋아하는 작은 분야에 집중하면, 현대에서 우리가 갖는 소유물은 너무 많은 것이 아닌가?

- 원증회고: 피할 수 없으면 즐기라고 했다. 옛말에 "미운 자식 떡 하나 더 준다."는 말이 있다. 원수를 사랑하라는 말도 있다. 싫은 사람을 피할 수 없다면 용서하고 사랑해 보라. 나에게 돌아올 상금이 있다. 내가 싫어하던 사람이 의외로 나에게 도움을 주는 경우도 많다. 내 주위에 나를 좋아하는 사람이 많으면 좋겠지만, 그것도 욕심이다. 한두 사람만 나를 좋아해도 인생은 행복하다. 아니, 아무도 나를 좋아하지 않아도 나는 대자연과 더불어 소요유를 즐기며 살겠다.

- 오취온고: 참는 자에게 복이 있다고 했다. 어려움 괴로움도 참으면 좋은 일이 생기고 행복해질 수 있다. 괴로움의 근원을 생각하고 개선하면 화가 복으로 바뀐다. 깨달음이나 바른길로 가라는 경고로 받아들일 수 있다. 인생은 마음만 조금 바꾸면, 상당히 여유롭고 행복해질 수 있다.

## 3) 인생의 여유

인간은 소요유(逍遙遊: 소풍, 놀이, 유람)와 사색을 즐기는 유일한 존재다.

좋은 음악, 좋은 그림, 감동적인 문학 작품, 명화, 훌륭한 예술품 등은 행복의 재료이며, 감동의 원천이 될 수 있다. 여행, 취미생활, 즐거운 스포츠 및 게임은 인간이 세상을 다양하게 즐기게 하고 삶에 필요한 힘을 비축할 수 있도록 한다.

가르치고, 배우고, 익히는 즐거움, 남을 돕는 고급의 즐거움을 아는 사람은 안다.

인간은 감동할 줄 아는 유일한 동물이다. 감동은 최상의 행복이다. (부록 4 참조) 근심, 걱정, 불안 등은 조금만 생각을 바꾸면, 더 이상 불행이 아닌 경우가 대부분이다. 두드리고, 찾고, 청하면, 마침내 얻을 행복이 많다.

범인이 말하는 성공을 못 하더라도, 하늘을 우러러 한 점 부끄러움이 없다면, 발 뻗고 편히 잘 수 있지 않은가? 재산을 많이 쌓아 넉넉히 미래에 대비하지는 못하지만, 오늘 하루 먹을 것이 있는데 무슨 걱정을 끌어안고 있겠는가?

건강도 완벽해야만 할 필요가 없다. 살아있고 살아가는 일만 해도 행복하고 아름답고 훌륭하다. 내가 남에 비해 부족하더라도, 내 마음만 부족하지 않고 풍족하면, 세상을 넉넉히 살아갈 수 있다. 훌륭히 살아갈 수 있다.

죄를 지었지만 깊이 반성하고 앞으로 바른길을 간다면, 너그러운 용서가 있을 것이다. 우리가 잘못한 것이 얼마나 많은가? 그러나 우리는 다 용서받는다. 받을 수 있다. 인생은 그렇게 빡빡하고 삭막하고 막힌 막다른 외통수 길이 아니다. 좁고 거친 외길이 아니다. 잘못을 하지만 마음만 고쳐먹으면 언제나 넓고 밝은 새로운 길이 나타난다.

완벽히 바른 생활을 한 것은 아니지만, 그러려고 노력만 한다면, 아니 앞으로 그러려는 마음만이라도 있으면 이 또한 훌륭한 인생이다. 지금까지 훌륭히 잘 살지는 못했지만, 남에게 몹쓸 짓을 하지 않았다면, 그런대로 잘 살아온 것이다.

"인생은 가까이서 보면 비극이지만, 멀리서 보면 희극이다." 찰리 채플린이 한 유명한 말이다. 고통을 지내고 보면 그 고통이 인생에 도움이 되고 좋은 추억도 될 수 있다. 많은 사람들이 가난, 실연, 실패, 허약함이 인생에 도움이 되었다고 한다. 인간은 불행과 고통을 이길 지혜를 가지고 있다.

아무리 보고 아무리 생각해도 인생의 즐거움과 행복이 인생의 괴로움과 불행보다 많고, 우리는 고통을 이겨 낼 능력이 있고 행복을 만끽할 자격이 있다.

만세! 브라보! 만만세! 인생은 확실히 플러스(+)다.

제8부

인생 문제에 대응

# 1. 문제 해결 일반론

인생의 문제는 제6부 인생의 문제 (불행)에서 다루었다. 불행하다고 느끼거나, 괴롭다거나, 근심이 있다는 사실은 문제가 있거나 문제가 발생할 것을 감지한 상황이다. 이때에는 걱정할 틈을 없이하고 바로 대책을 세워야 한다. 인생 문제는 누구나 겪는 일이다. 인생 문제에 대한 대응책은 인생의 괴로움를 발생하지 않게 하거나, 인생의 괴로움을 치유, 경감 또는 제거하는 일이다. 우선 문제 해결의 일반론을 살펴본다.

## 1) 문제의 명확한 파악과 정의

문제를 푸는 첫 번째 단계는 문제를 명확하게 파악하고 정의하는 일이다.

문제를 해결하는 과정을 일이라고 할 수 있는데, 일에 착수하기 전에 문제를 명확하게 파악하고 정의하여야 일의 계획을 제대로 세우고 문제 해결과 일의 완수를 제대로 할 수 있다. 어렵고 복잡한 문제일수록 첫 번째 단계인 문제의 명확한 파악과 정의는 필요하다. "문제를 정확히 파악하고 있으면, 문제의 반은 해결한 것이다."라는 말이 있다. 그만큼 문제의 명확한 파악과 문제의 정의는 중요하다. 병을 치료하기 전에 불편한 부위와 병의 증세를 명확히 파악하는 것과 같다고 할 수 있다. 각주구검(刻舟求

인생은 플러스(+)다

劍)은 물건을 빠뜨린 배에 잃어버린 장소를 표시한다는 우매함을 상징하는 말이다. 각주구검의 우매함을 범하지 말고, 문제의 원인 또는 근원을 알아내는 일은 문제를 해결하고 재발을 방지하는 데 꼭 필요한 일이다.

## 2) 문제/일의 경중과 완급(우선순위)

문제가 동시다발적으로 발생하면 해결의 우선순위를 정해서 처리 또는 해결해야 한다. 급하고도 중한 문제/일이라면 대체로 최우선으로 처리한다. 급하지도 중하지도 않은 문제/일이라면 당연히 우선순위는 밀린다. 급한데 중하지는 않은 문제/일과 중한데 급하지 않은 문제/일의 우선순위는 어떻게 될까? 이때는 문제/일의 가치를 다음과 같이 양적으로 계량하여, 우선순위를 판단하여 일을 처리한다.

- 문제/일의 가치 1: 대처하지 않았을 경우, 잃는 가치
- 문제/일의 가치 2: 대처함으로써 얻는 가치
- 급한 문제/일: 대처하지 않았을 경우, 잃는 가치가 큰일
- 중한 문제/일: 대처함으로써 얻는 가치가 큰일

인생에서 중하고 급한 문제는 대체로 가난과 병과 죽음에 관련한 문제다. 특히 식음을 해결하기 어려울 정도의 가난이나, 수개월 이내에 죽음을 걱정할 중병이 중하고 급한 문제다. 물론 자연재해에나 예상치 못한 사고에도 급하고 중한 문제가 많다.

일/문제의 경중이나 완급은 판단이 쉽지 않은 경우가 많다. 이럴 때에는 가급적 많은 훌륭한 사람의 의견을 듣고 결정하는 것이 필요하다. 예를 들면, 큰 수술을 필요로 하는 치료의 결정, 중요한 인물의 선택, 직업의

선택, 인생 반려자의 선택, 자금이 많이 드는 사업의 결정 등으로 인생에는 많은 중요한 결정이나 선택이 필요한 일/문제가 있다.

### 3) 복잡하고 어려운 문제를 푸는 방법 두 가지

① 분해법: 한 가지 방법은 복잡한 문제를 잘게 분해해서 푸는 방법이다. 앞에서(제6부 인생의 문제) 인생의 문제를 인생의 본질로 구분하여 인생의 문제를 비교적 자세히 나열해 보았다. 인생의 문제는 복잡하므로 이렇게 인생의 본질과 문제를 자세히 구분해 보는 것이다. 그러니 이 방법의 해결책은 각 분야의 전문가가 해답을 내놓아야 할 것이다.

② 단순화법: 어려운 문제를 푸는 또 다른 방법은 복잡한 문제를 단순화해서 푸는 방법이다. 제9부 인생의 길에서 비교적 단순화한 방법의 해결책을 시도해 본다.

### 4) 모든 분야에는 전문가가 있다

내 문제라고 하여 나 혼자 해결하려고 해서는 안 된다. 필요하면 주위의 도움을 요청하여야 한다. 특히 많은 분야에 전문가가 있으므로 그들의 도움을 적극적으로 받아야 한다. "병은 소문을 내라."는 말은 그런 뜻일 것이다. 단지, 전문가의 단점은 자기 분야만 잘 알고 자기 분야의 문제점만을 해결하려는 경향이 있다는 사실이다. 예를 들면, 심장에 문제가 있지만, 약을 복용함으로써 위장에 영향을 주거나, 두뇌, 신경계, 피부 등에 영향이 있음을 고려하지 않으면 일부에서 실패할 수도 있다. 물론 이럴 때에는 다른 전문 분야의 전문가의 도움을 받아야 한다. "병을 고치려면 자신이 반의사가 되어야 한다."는 말은 그런 점을 강조하는 말일 것이다.

# 2. 문제 해결 실행론

## 1) 유비무환(有備無患)

제일 좋은 방법은 괴로움의 발생을 사전에 방지하는 일이다. 제6부 인생의 문제 (불행) 3. 불행의 원인에서 불행의 원인을 분류해 보았다. 불행의 원인을 사전에 제거하면, 불행은 발생하지 않을 것이다. 또 불행이 발생할 것을 대비하여, 불행이 닥쳤을 경우의 대응책을 미리 세워 놓으면 괴로움을 줄일 수 있을 것이다.

불행의 원인 중 본인 요인은 우리가 스스로 노력함으로써 괴로움의 발생을 없이하거나 줄일 수 있다. 즉,

- **근면**하여 나태하지 않고 부지런히 적절한 노력을 하며 근면함을 습관화해야 한다.
- **건강**을 증진시켜야 한다. 특히 자기와 관계가 많은 건강 지식을 습득하고, 건강을 증진시키고, 건강 생활을 습관화한다.
- **지식**을 쌓고 늘려야 한다. 무식과 어리석음의 단계에서 벗어나도록 항상 노력하여야 한다. 특히 자기와 관계가 많은 분야에서는 전문가가 되도록 노력하여야 한다. 무지로 (몰라서 또는 잘못 알아서) 행하는 잘못이 없나 항상 돌아보고, 훌륭한 사람과 견주어 보고, 타인의 의

인생은 플러스(+)다

견을 소중하게 청취하여야 한다.

- **능력**을 증진시켜야 한다.
- **지혜**는 특히 겸손에서 얻을 수 있다.
- **탐욕**을 줄이고 탐욕의 억제를 습관화하여야 한다. (질투, 인색, 교만, 분노는 탐욕에 속한다.)
- **사랑**을 배우고 실행하며 습관화해야 한다. 자신을 희생하고 남을 배려함이 사랑의 기본이다.

양측 요인(본인 요인과 환경 요인의 복합 작용)과 환경 요인은 자신의 노력만으로는 해결되지 않으므로 환경 요인을 연구하고 발생할지도 모를 최악의 상황에 대비하여야 한다.

- **대인 관계**는 불행의 요인이 되기도 하지만 행운의 요소이기도 하다. 따라서 대인 관계는 언제나 매우 중요하며 좋은 대인 관계를 유지하기 위해 노력하여야 한다. 경우에 따라서는(나쁜 친구나 악의 도굴) 대인 관계를 끊는 것 또는 멀리하는 관계가 좋은 선택일 수도 있다.
- **환경**의 위해 요인 제거는 누차 말했지만 어렵다. 따라서 자체 지식도 쌓고 대비도 해야겠지만 공동으로 또는 사회적으로 대처하여야 한다. 환경이 위해 요인만 있는 것이 아니고 삶에 도움을 주는 삶의 한 거대한 기둥이므로 환경과 친화 내지는 이용은 인류의 거대한 과제다.

## 2) 초기 대처

불행이라는 문제의 사전 방지를 막지 못했다면, 차선책은 초기에 조속대처하는 일이다. 그러므로서 불행의 확대를 방지하고 비교적 쉽게 문제를 해결할 수 있다. 화재가 대표적인 예가 될 수 있다. 질병도 초기 대처가 중요한 불행의 예이며, 탐욕에 의한 불행도 초기 대처가 중요한 예일 것이다.

먼저 감사한다. 이만큼 일찍 불행을 감지한 것은 무척 감사할 일이다. 이 정도의 불행에서 불행을 대처할 수 있다는 사실에 감사해야 한다. 지금부터라도 제대로 불행에 잘 대처한다면 더 큰 불행을 면하고 행복한 생활을 찾을 수 있다.

그리고 자신을 믿는다. "나는 할 수 있다(Yes, I Can Do!)"를 마음속에서 수없이 외치고 자신 있게 긍정적으로 문제에 대처한다. 문제를 정확히 정밀하게 파악하고, 해결책을 강구하고 실행하며, 주위의 모든 도움을 동원하면 안 될 일이 없다. 실제 우리의 능력이나 힘은 평상시 생각한 것보다 세고 강하며, 환경은 알고 있던 것보다 훨씬 나에게 우호적이고, 사회나 자연은 나 자체의 힘보다 훨씬 세고 강하며 협조적이라는 사실을 알 수 있게 될 것이다.

또 항상 기도한다. 기도의 의미는 계속 노력한다는 의미를 포함한다. "하늘은 스스로 돕는 자를 돕는다." 끊임없이 기도하고 노력하면 못 이룰 일이 없을 것이다. 또 기도한다는 의미는 무언가 하겠다는 의지이며, 하려고 하는 계획이다.

## 3) 우선순위

인생의 문제가 어려운 이유는 문제가 복합적으로 또는 동시다발적으로 발생할 경우가 많기 때문이다. 이때에는 앞에서(문제 해결 일반론) 설명한 바에 따라 우선순위를 정하여 해결하여야 할 것이다.

인생에서 중요하고도 급한 일은 대체로 **극심한 가난**과 **심각한 건강**일 것이다.

또 평소에 문제가 쌓이지 않도록 문제를 미루지 말고 제때에 해결하도록 노력하여야 한다.

## 4) 전력투구(全力投球)

모든 문제의 해결을 위하여 전력투구를 해야겠지만, 중요하고도 급한 문제는 특히 전력투구하여 조기에 해결하여야 한다. 그렇지 않고 시간이 지체되면 문제가 더욱 복잡하고 어려워지거나 새로운 문제가 발생하여 겹칠 수 있다. 전력투구는 본인만의 최선을 뜻하지 않는다. 주위의 도움도 청하는 것이 전력투구다. 선택과 집중은 우선순위와 전력투구를 동시에 활용하는 일이다.

## 5) 악순환 방지 및 악습관의 치유(2차 사고 방지)

불행의 특징 중 하나는 불행이 불행을 부른다는 것이다. 하나의 예를 들어 본다. 애인의 변심에 화가 난 사람이 술을 먹고 행패를 부린다든가 자살을 시도한다면, 이는 또 다른 불행을 야기할 가능성이 높다.

산업 현장에서는 "2차 사고를 조심하라."는 말이 있다. 사고가 나고 그 사고를 수습하려는 과정에서 더 큰 사고가 날 수 있다는 말이다. 사고가 있을 때에, 불행할 때에 더욱 조심스럽게 대처하여야 한다.

"세상에서 제일 무서운 것은 습관이다."라는 말이 있다. 도박이나 마약 및 각종 중독(지나친 놀이나 취미에의 몰입 포함) 등의 악습관은 점점 더 규모가 커지는 경향이 있다. 일단 습관이 되면 본인은 나쁜 습관인지조차 모를 경우가 있으므로, 항상 주위에 좋은 사람을 두고 조언이나 반응을 보아야 한다. 아무튼 악습관은 조기에 치유 또는 단절하여야 한다.

## 6) 일체유심조(一切唯心造)

앞에서(제6부 인생의 문제-불행 5. 불행 원인의 분석) 분석해 보았듯이 불행의 원인의 반 이상은 본인 사유에 해당한다. 또 본인 사유의 반 이상이 마음에서 비롯된다. 사실 불행뿐 아니라 세상의 모든 일이 우리의 마음에서 비롯된다는 말이 일체유심조(一切唯心造)이다. "모든 것은 오로지 마음이 만든다."는 뜻으로 "모든 일은 마음먹기 달렸다."는 말과 비슷한 의미이기도 하다.

탐욕(질투, 인색, 교만, 분노 포함)이 대표적인 마음에서 오는 불행의 원인이다. 대부분의 불행이 탐욕에서 온다고 해도 과언이 아니다. 탐욕을 스스로 억제함으로써 불행을 제거할 수 있다. 이솝 우화에 "여우와 포도" 이야기가 있다. 「배가 고픈 여우가 포도나무의 포도를 따려고 수차례 점프를 시도했으나 도저히 딸 수가 없었다. 결국 포기하고 떠나며 말했다. 저 포도는 분명히 실 것이다.」 여우는 훌륭히 욕심을 자제하고 불행을 치유했다고 할 수 있다.

근심/걱정이 건강에 나쁘다는 사실은 누구나 알 것이다. "근심/걱정이 다가오는 불행에 대한 대비와는 다르다."는 것을 분명히 인식하여야 한

인생은 플러스(+)다

다. 서양 속담에 "다리에 도달하기 전에 다리가 무너질 것을 걱정하지 말라."는 말이 있다. 성경에도 걱정에 관한 구절이 많이 나온다. "그러므로 내일을 걱정하지 마라. 내일 걱정은 내일이 할 것이다. 그날 고생은 그날로 충분하다." 위에서 말한 걱정은 소위 쓸데없는 걱정을 말한다. 걱정과 대비는 다르다. 대비를 위해 대책을 세우기 어렵다면 근심/걱정을 하지 말고 다음에서 설명하는 타인의 도움을 요청해야 한다. 두려움, 콤플렉스, 현대의 스트레스도 근심/걱정의 일부이다. 모든 근심/걱정의 끝은 죽음이라는 말도 있다. 죽음도 걱정할 일이 아니라 건강을 위한 대비를 하고 대책을 수립하여 실행하여야 할 것이다.

탐욕, 근심/걱정뿐 아니라, 불행의 다른 개인 요인인 교만, 질투, 시기, 분노, 인색도 마음에서 시작되며, 나태(게으름), 낭비, 무지, 무능, 건강도 마음먹기 달렸다고 할 수 있다.

## 7) 도움을 청한다

인생의 문제에 봉착하여 괴롭다. 그래서 위의 여러 가지 방법을 포함해서 갖은 노력을 했음에도 괴로움을 경감하거나 제거하지 못했다면, 이제 남은 방법은 타인의 도움을 요청하는 일이다. 사실 외부의 도움은 최후에 취하는 방안이 아니다. 문제에 봉착한 순간부터 전력투구하는 것이고 전력투구는 앞에서 말했듯 외부의 도움을 청하는 일을 포함한다. "병은 소문을 내라!"는 말은 여러 의미를 포함하지만 외부의 도움을 받으라는 의미가 강하다.

"청하여라, 너희에게 주실 것이다. 찾아라, 너희가 얻을 것이다. 문을 두드려라, 너희에게 열릴 것이다."는 유명한 성경 구절이다.

세상에는 나보다 훌륭한 사람이 많다. 의외로 나를 도와줄 사람이 많다. 내가 청하지 않고 구하지 않을 뿐이다.

인생은 플러스(+)다

제9부

인생의 길
(어떻게 살 것인가?)

제1부에서 인생의 본질을 인간의 본능과 환경인 사회와 자연과의 개략적인 관계로 알아보았다. 제2부, 제3부, 제4부에서는 인생의 공간적 시간적 구성 요소인 인간, 사회, 자연을 개별적이고 개괄적으로 살펴보았다. 제5부에서 인생의 목적/목표를 생각해 보았고, 제6부 제7부에서 인생의 주 관심인 인생의 문제 불행과 답에 해당하는 행복에 대해서 분석해 보았다. 제8부에서는 인생에서 발생하는 문제에 대한 대응법을 알아보았다고 할 수 있다.

앞에서 이론적이고 나름 체계적으로 검토한 인생이란 과제에 대해 이제 현실적이고 구체적인 어떤 결과를 얻어야 할 때가 왔다고 생각된다. 그래서 인생 전반의 실질적 내용을 좀 더 현실적으로 함께 다른 측면에서 들여다보고, 제5부에서 고민한 인생의 목적과 목표를 달성할 구체적인 방안을 인생의 길(어떻게 살 것인가?)이라는 제목으로 결론을 보고자 한다.

인생의 길을 아래와 같이 요약한다.
- 인생의 5대 주제
- 바른 생활
- 자신의 삶을 산다.

인생은 플러스(+)다

# 1. 인생의 5대 주제

제1~8부의 인생의 본질적인 주제보다 실생활에서 더 많은 관심을 받는 실질적이고 구체적인 주제가 있다. 인생을 개인의 관점에서 현실적으로 본 것이라고도 할 수 있다. 나는 이것을 "인생의 5대 주제"라고 이름을 붙여 보았다.

5대 주제는 태어나면서부터 죽을 때까지 삶에 영향을 주고, 의식이 있는 한 생각해야 할 중요한 일이며 주제다.

인생의 5대 주제는 다음과 같다.

① 일

② 건강

③ 사람(인간관계 및 사회관계)

④ 꿈

⑤ 죽음

인생의 5대 주제에 세간의 인생 주제인 행복, 운, 재물, 성공, 애정(사랑), 종교가 포함되지 않았다. 이는 합당한가? 그렇다면 그 이유는 무엇일까? 인생의 3요소 중에서 주체인 나는 내 인생의 주제를 다루는 것이므로 인생의 5대 주제 논의의 밖에 있어도 된다고 생각된다. 즉 내 일, 내 건강, 나의 사회관계, 내 꿈, 나의 죽음이 바로 내 인생이므로 나는 5대 주제

바깥에 있다. 인생의 3요소 중에서 두 객체 즉 사회와 자연 중 하나의 객체인 사회는 ③ 사람(인간관계 및 사회관계)에 인생의 5대 주제 중 하나로 포함된다. 그런데 자연은 인생의 5대 주제에 포함되지 않았다. 이는 합당한가? 그렇다면 그 이유는 무엇일까?

### (1) 행복이 5대 주제에서 제외된 이유

행복은 인생의 목적에 포함되는 큰 주제이므로, 제5부 인생의 목적/목표, 제7부 인생의 즐거움 (행복)에서 이미 다루었다. 내 인생의 주어(주체)가 나고, 목적어(목적/목표)가 행복이며, 동사(실행 동력)가 5대 과제가 된다. 쉽게 도식으로 표현하면 나음과 같다.

인생 ┌ 주어　　　목적어　　　　　　동사
　　　└ 나　　　행복과 평화　　　실천 과제(5대 주제)

그러나 소소한 행복이나 소소한 행복을 달성하는 길은 오히려 인생 5대 주제의 종속적인 과제이다. 소소한 행복은 대부분 5대 주제를 잘 수행하면 저절로 따라오는 부산물이다. 5대 주제인 일, 건강 등의 수행 과정과 결과에 따라 행·불행이 결정된다. 또 소소한 행·불행은 마음먹기에 따라 변한다. 즉 5대 주제에 비해 부수적인 과제라고 할 수 있다.

### (2) 운이 5대 주제에서 제외된 이유

운은 운수와 비슷한 말로 행운과 불운이 있으며 행복과 불행과는 그 의미가 다르다. 운은 우리가 잘 모르는 원인이 나에게 미치는 영향이라고 할 수 있다. 제1부에서 '미지의 사회' 및 '미지의 자연'이라는 소제목을 다룬 바 있고, 제2부에는 '미래의 나는 미지수다.'라는 소제목도 있다. 어차피 전혀 예측할 수 없거나 거의 예상하기 어려운 원인이라면 논외로 할 수밖에 없다. 다행이라면, 불운만 있는 것이 아니라, 행운도 있다는 것이다. 경험에 의하면, 현재에 최선을 다하면 악운보다는 행운이 올 가능성이 높다는 것이다. 소위 '진인사대천명(盡人事待天命)'으로 미지의 미래에 대처하는 방법이 최선이다. 운은 이 책의 주제가 아니지만 생각해 볼 점이 많아 〈부록 3〉 운명/운/점에서 소개한다.

(3) 재물, 성공(사회적 출세) 등이 5대 주제에서 제외된 이유

재물, 성공 역시 대부분 5대 주제의 종속적 과제이다. 즉 5대 주제인 일, 사회관계 등의 결과에 따라 재물과 성공이 결정된다. 또 재물과 성공이 인생의 목적이나 목표가 아니다. (제5부 인생의 목적/목표 참조) 즉 5대 주제에 비해 부수적인 과제일 뿐이고, 전통적으로 인생의 주요한 관심 대상인 돈, 재물, 성공 등은 일의 결과물로써 인생에서는 부산물이거나 일의 중도 목표이다.

(4) 애정(사랑)이 5대 주제에서 제외된 이유

애정 문제는 상당히 중요한 과제다. 인생에서 5대 주제의 다음으로 인생의 중요한 과제를 정한다면 아마 이 애정(사랑) 또는 성(性, Sex) 문제가 될 것 같다. 제1부 인생의 본질 1. 생존의 인생에서 ① 식욕과 일 다음 ② 성욕과 구애에서 다루어질 정도로 중요하다. 특히 10대 중반부터 70대까지의 성욕은 생존 문제의 일부로 사람에 따라 심한 경우 식욕보다 강하게 나타나기도 한다. 또 이 주제는 사람에 따라 민감하게 받아들여지고 강하게 작용할 수 있기 때문에, 많은 경우 언급 자체가 터부시되거나 조

심스럽다. 이 책에서도 깊이 있게 다루지는 못하지만 중요한 것은 사실이
므로 독자 개인적으로 많이 생각해 보고 연구하여야 할 것이다. 다시 강
조하면, 이 과제는 사람마다 인식과 반응이 상당히 다를 수 있으므로, 내
생각 위주로 판단하는 일은 특히 위험한 일이다. 성 문제는 작지만 큰 문
제가 될 수 있다.

이 주제는 5대 주제에서 완전히 빠진 것도 아니다. 일의 일부로 일에 포
함되고 인간관계에도 포함되고 다른 5대 주제에도 깊이 연관되고 있다.


### ⑸ 종교가 5대 주제에서 제외된 이유

종교가 인생에 믹대한 영향을 미치고 중요한 역할을 하는 것은 사실이
다. 대부분의 종교가 좋은 가르침(또는 깨달음)을 주고, 인류를 인생의 목
표인 인류의 행복과 평화를 위해 도움을 주기도 한다. 그렇지만 종교로
인해 전쟁이 일어나기도 하며, 일부이겠지만 인간을 미혹에 빠지게도 한
다. 종교도 과학과 마찬가지로 변화 및 발전하고 있는 것이 아닌가 생각
된다. 그런 의미에서 종교는 믿음의 영역이다. 같은 종교라도 잘 믿고 도
움을 제대로 받는 사람이 있고, 아닌 사람도 있다. 부록 1 우주의 생성 이
론과 종교에서 밝혔듯이, 종교는 영(존재가 수학적으로 입증된)을 신(또
는 신의 일부)으로 믿는 것이며, 그런 의미에서 영은 종교와 과학의 사이
에 있다고 생각된다. 종교는 제대로 믿으면 좋은 철학이며, 앞으로도 계
속 과학과 함께 발전할 인류의 믿음의 문제이며 주제다.


### ⑹ 자연이 5대 주제에서 제외된 이유

자연은 5대 주제의 대상(또는 목적물)이거나 상당한 관계로 연결되어

인생은 플러스(+)다

있고 인생의 3요소이므로, 별도의 주제가 될 필요가 적고 5대 주제의 주요 부분으로 생각된다. 다시 말하면 일, 건강, 인간관계, 꿈, 죽음에 자연이 깊숙이 녹아들어 있다고 보면 될 것이다.

5대 주제를 자세히 검토하기 위해 따로따로 서술하기는 하지만, 인생의 5대 주제는 상호 영향을 주어 떼어 놓을 수 없는 주제이다. 그래서 인생이 더 어렵기도 하지만 그래서 인생은 조화이고 멋있다고 생각된다.

예를 들어, 일에는 생존과 직접 관계되는 직업을 포함하여 건강을 위한 일이 있고, 건강해야 일을 훌륭히 처리하고 달성할 수 있다. 또 사회관계를 형성 유지하는 일이 있고, 일을 잘하기 위해 좋은 사회관계가 필요하고 대부분의 경우 일과 사회는 거의 필수적 동행 관계이다. 꿈을 설계하고 실행하는 일이 있으며, 죽음에 대비하는 일도 있다. 건강이란 주제도 마찬가지이다. 일을 잘해야 건강하고, 사회관계를 잘 형성하고 유지해야 건강하며, 꿈을 잘 설계하고 실행하여야 건강하고, 죽음을 잘 대비하면서 살아야 죽을 때까지 건강하다. 사회관계, 꿈, 죽음도 각각이 중요한 인생의 주제이지만 상호 영향을 주는 관계이다. 그러나 복잡한 인생 문제를 풀기 위해서는 집중이 필요하다. 집중력을 가지고 인생의 5대 주제를 통해 삶의 방향을 찾아보고자 한다.

## 1) 일: 좋아하는 일을 하라. 잘하는 일을 하라. 때론 궂은일도 하라

인생의 5대 주제 중에서 일이 인생의 중추며 근간이고 가장 뜻깊은 주제다. 인생을 어떻게 살아가고, 어떻게 인생의 보람과 행복을 찾을지, 어떤 생을 살 것인가의 답을 일이라는 길에서 찾아야 하기 때문이다. 재래의 운명론에서 일복이 있다는 말은 상당한 행복 운을 타고났음을 의미한다.

### (1) 일의 종류

일은 인간의 제1 본능인 생존의 본능에 따라 먹거리 구하기, 짝 구하기부터 시작되었다. 그러나 거기에 국한되지 않고 생존을 위한 활동에 더하여 제2 본능인 욕망의 본능을 포함하고 제3 본능인 진리 추구의 본능에 따른 모든 활동을 포함한다.

일의 예를 들어 보자. 현대에는 직업이 대표적인 일이다. 애정에 관한 모든 행위도 중요한 일이다. 공부, 자기 계발, 운동 및 건강증진 활동, 취미 놀이 활동, 여유 즐기기, 문화 예술 활동, 연구, 명상, 종교 사회 활동, 사교 활동, 자연보호 활동, 등등. 신체와 정신을 활용하는 모든 움직임이나 생각이 일이다. 보고 듣는 일도 정보를 수집하는 일이다.

일은 또 일하기 위한 계획과 일을 수행한 후의 검토 및 평가를 포함한다. 즉, 일은 다음 세 가지를 포함한다. (영어 Plan-Do-See가 기억하기 쉽다.)

① 일의 계획

② 일의 실행

③ 일의 평가, 검토 및 사후 대책

일은 또 일을 더 잘하고 효율적으로 하기 위한 생각과 행위를 포함한다. 앞에서 일의 예로 들은 것 중, 대부분이 직접적인 일이라기보다는 일을 더 잘하기 위한 일이다. 자연주의자 장자가 말한 소요유(逍遙遊)도 행복과 일의 효율 증진을 위해 필요하고 중요한 일이다. 취미활동도 일이다. 휴식도 제대로 하면 좋은 일이다. 생활에 활력을 주는 일이다. 단지, 자신의 신체를 해하거나 남을 해롭게 하는 움직임은 일이 아니고 나쁜 행위일

인생은 플러스(+)다

뿐이다.

## (2) 일하는 능력

같은 일을 해도 사람에 따라 효율이 다르다. 즉 사람마다 일하는 능력이 다르다. 이것을 능력 또는 재능이라고 한다. 재능은 타고나기도 하지만, 재능은 노력으로 계발하고 증진 시킬 수 있다. 그리고 이 자기 계발이 우리가 할 일의 일부이며 사실 중요하고 많은 부분을 차지한다. 공부, 운동 및 연구 등의 목적 중의 하나가 자기 계발이고 능력 증진이다. 취미활동, 놀이, 사회 활동, 휴식조차도 자기 계발에 도움이 된다. 단지, 이러한 활동도 과하지 않아야 도움이 될 것이다.

재능에는 여러 가지가 있다. 머리가 좋은 사람, 손발의 재주가 있는 사람, 힘이 있는 사람, 언변이 좋고 사교적이어서 친화력이 좋은 사람, 감각이 뛰어난 사람 등 재능의 종류가 많다. 예전에는 신언서판(身言書判)이라고 하여 중요한 재능을 네 가지, 즉 신=건강하고 잘생김, 언=말 잘하고 설득력 있음, 서=글 잘 쓰고 표현력 있음, 판=좋은 판단력으로 간략히 요약하였다. 최근에는 판단력, 창의력(상상력, 예지력 포함), IQ, 체력, 기획력(분석력 포함), 설득력(표현력, 교섭력, 친화력, EQ 포함), 추진력, 이해력, 조직력, 통솔력 등 수많은 종류가 있다. 신언서판이 아직도 중요한 재능이기는 하지만, 현대에는 재능의 종류가 더 세분화되었고, 새로운 것(예를 들면, 컴퓨터 프로그래밍 등)이 생겨나기도 한다. 즉. 재능이나 능력의 정의나 종류는 시대에 따라 달라진다.

우리는 많은 재능을 갖기를 원하지만, 소위 다재다능한 사람이 되기를 원하기도 하지만 그럴 필요가 없다. 우스갯소리로 "땅강아지는 땅을 잘

파고, 수영도 하고, 날 수도 있지만 특별히 유능하다고 하지 않는다."는 비유가 있다. 반면에 "굼벵이도 구르는 재주가 있다."는 말로 누구나 한 가지 이상의 재능을 타고난다고 한다. 한 가지 재주만 있어도 훌륭한 사람이 될 수 있다. "열 재주 있는 사람이 한 가지 재주 가진 사람을 못 이긴다."는 말이 있다. 타고난 재능에 자만하지 말고, 재능이 없음을 한탄하지 말고, 노력하여 재능을 키워야 한다. "천재는 99%의 땀과 1%의 영감으로 이뤄진다."고 한다.

그런데 때때로 우리는 능력이 부족함을 느끼고 심하면 좌절하기도 한다. "하늘이 무너져도 솟아날 구멍이 있다."고 한다. 자신의 능력이 있음에도 모르거나 경시하는 일은 큰 잘못이다. "재수가 노력을 이기지 못하고, 노력이 즐김을 이기지 못한다."는 말이 있다. 자신의 능력으로 부족함을 느낄 때에는 노력이 부족하지 않은가 또는 일을 즐겁게 못 하지 않는가 생각해 보아야 한다. 또 필요하면 타인의 능력과 힘을 활용하거나 도움을 요청할 수 있고 또 그리하여야 한다. 반면에 타인에게 의존하는 일이 너무 많거나 습관화되어서는 안 됨을 주의하여야 한다.


### (3) 일의 선택

우리는 원하는 모든 일을 할 수는 없음을 깨닫는다. 역시 인생에는 선택과 집중이 필요하다. 일의 선택은 인생의 목표, 나이, 자신의 특성 및 처한 상황 등에 따라 달라진다. 만약에 우리에게 선택권이 주어진다면, 좋아하는 일, 잘하는 일을 선택하여야 한다. 그래야 효율이 있고 오래 할 수 있다. 또 그래야 성공할 수 있다. 내가 덜 좋아하는 일을 어쩔 수 없이 꼭 해야 한다면 그 일을 좋아하도록 노력해야 한다. 그래야 효율이 있고, 오래

인생은 플러스(+)다

할 수 있고, 즐겁게 할 수 있고, 성공할 수 있다. (그러나 때로는 내가 싫어하는 일, 궂은일도 해야 한다.)

### (4) 일의 목표

일의 목표는 내 인생의 목표를 달성하는 일이며 내가 행복해지는 일이다. 하지만 남에게도 좋은 일을 목표로 하여야 한다. 적어도 남에게 해가 되지 않는 목표라야 한다. 그 이유는 이렇다. 주위가 평화로와야 내가 진정으로 행복하다. 또 각 개인의 일은 자신의 건강, 사회관계, 꿈 및 죽음과도 연결되어 있다. 즉 일에 성공하면서 건강에도 사회관계에도 성공하려면 남에게도 좋은, 적어도 나쁘지 않은 일이라야 하기 때문이다.

직업이란 누군가에게 도움이 되는 일을 전문적으로 하는 일이다. 도움을 받은 상대가 고마움으로 돌려주는 재화가 나의 수입이고 사회로부터 받는 보수다. 공짜를 기대하지 않아야 한다. 남을 도와주고 사회의 발전에 도움이 됨으로써 얻는 보수와 성공이 값진 보수고 진짜 성공이다.

재물을 인생의 목표로 하거나 중요한 과제로 삼기도 한다. 그러나 재물은 일의 결과로 얻어지며 어느 정도 중요하기는 하나 목표가 되어서는 안 되고 일보다 더 중요할 수 없다. 재물은 어느 정도 있으면 되고, 하루아침에 있다가 없어질 수도 있지만 일은 하루아침에 이루어지지 않는다. 대체로 어느 부문의 전문가가 되려면 10년 정도 걸린다고 한다. 다음과 같은 유명한 말이 있다.

"내가 좋아하는 일을 하는 것은 취미이고,
남이 좋아하는 일을 하는 것이 직업이다."

목표는 현재의 내 능력보다 조금 높게 잡을 필요가 있다. 특히 젊을수록 그렇다. 왜냐하면, 내가 못 알아본 내 능력이 있을 수 있고, 내 능력은 목표를 크게 잡음으로써 내가 더 커질 수 있기 때문이다. 또 주위의, 이웃의, 동료의 도움이 있기 때문이다. 일의 목표가 좋은 것이라면 분명히 주위의 도움이 있다. "하늘은 스스로 돕는 자를 돕는다."고 하였다. 만에 하나, 목표가 과한 것으로 판명되면 다시 목표를 수정하면 된다. 사실 처음부터 너무 과한 목표를 잡는 일은 조심하여야 한다. '과거 낭인'이란 예가 있다.

### ⑸ 일의 중요성과 일을 대하는 자세

일은 인생의 전통적 주요 관심 대상인 돈, 재물, 성공보다 중요하다. 중요할 뿐 아니라 일은 성스럽고 존엄하다고 생각하여야 한다.

인생에서 일은 무엇보다 중요하다. 건강 이상으로 중요하다. (건강은 일을 위해서 필요하다. 일이 없다면 건강이 왜 필요한가? 놀고먹기 위해 건강이 필요한 것이 아니다.) 일은 인생 행복의 결정적인 요인이다. 일은 필요하고 건강에도 도움이 된다. (단, 너무 과한 일은 건강에 해가 될 수 있다. 일에 대한 과욕은 불행의 원인이 될 수 있다.) 좋은 일 옳은 일과 바른 꿈은 정신 건강의 적인 근심 걱정과 의심을 밀어낸다.

일은 아마 죽을 때까지 해야 할 것이다. (명상 및 좋은 휴식도 일이다.) 몸과 건강이 허락하는 한 건강을 위해서 일을 해야 한다. 한마디로 인간은 일을 하도록 태어났다. 일을 하도록 진화하여 DNA에 기록되었을 것이다. 물이 흐르지 않으면 썩는 이치와 통한다. 늙어서도 일이 없으면 치매에 걸릴 가능성이 높아진다고 한다. 공자는 소인한거 위불선(小人閒居 爲不善: 소인은 한가하면 못된 일을 한다.)이라 하여 한가함, 즉 아무것도 하지 않는 것을 경계하였다. 취미, 소일거리라도 있는 것이 아무 일 없이

한가함보다 낫다.

일을 하다 보면 경쟁심이 생기기도 한다. 훌륭한 경쟁자를 만나면 행복하다고 생각하여야 한다. 경쟁 상대와 경쟁하지 말고 나의 부족을 겸허히 받아들이고, 절대 기준을 목표로 경쟁하는 것이 좋다.

## 2) 건강: 작은 습관이 건강을 좌우한다. 건강의 최대 적은 걱정이다

### (1) 건강의 정의: "일을 할 수 있는 정신적 신체적 상태"

건강이 왜 필요하고 중요한가? 일을 하기 위해서이다. 완벽한 건강은 없다. 신체는 변하고 늙어 가며, 정신도 변하여 성숙 또는 피폐해진다. 우리의 건강, 일할 수 있는 상태 이상의 건강을 유지하자. (젊을 때에는) 더 힘들고 더 어려운 일까지도 할 수 있고, 더 많은 일을 할 수 있도록 좋은 건강을 준비하고 비축할 수 있다면 더욱 좋다. (나이가 들수록) 때로는 생명을 유지하는 최소한의 건강만 유지해도 행복할 수 있다.

### (2) 건강의 중요성

인생의 5대 주제 중에서 건강의 중요성은 결코 다른 주제에 비해 뒤지지 않을 것이다. 인생의 5대 주제는 서로 긴밀한 영향을 주는 관계다. 특히 건강은 인생의 나머지 4대 주제에 더 많고 강한 영향을 주는 요소다. 건강해야 일을 더 잘할 수 있고, 건강해야 다른 사람을 더 잘 도울 수 있고, 건강해야 더 좋은 꿈을 꿀 수 있고, 건강해야 아름다운 죽음을 맞이할 수 있다. "건강에 좋은 생활이 바른 생활이고, 바른 생활이 건강에 좋다." 라고까지 말할 수 있다.

건강은 육체적인 건강과 정신적인 건강으로 구분할 수 있다. '건강한 신체에 건강한 정신'이란 표현은 육체적 정신이 중요함을 강조한 표현이지만, 현대의 복잡한 사회에서는 정신적 건강이 육체적 건강보다 더 강조되기도 한다. '건강한 정신에 건강한 육체'라고 말해도 좋겠다.

많은 사람들이 돈이나 성공보다 더 중요하다는 건강, 나이가 들수록 중요하다는 건강, 인생의 5대 주제(일, 건강, 사람, 꿈, 죽음) 중에서도 가장 중요하다는 건강을 얻고 유지하는 방법을 알아보자.

### (3) 자연과 건강

깨끗하고 안전한 자연환경을 유지하고, 재해와 질병과 자연에서의 사고를 극복하고 피하고 대처해야 하는바, 이는 대체로 사회가 공동으로 대처해야 하므로 여기서는 생략하기로 한다.

단, 건강한 자연과 가까이하고, 자연을 느끼고, 자연을 즐기며, 자연에서 휴식을 취함은 건강에 상당히 도움이 된다. 특히 자연은 정신 건강을 증진시키는 데 많은 도움을 주고 영향을 준다.

### (4) 사회와 건강

사회의 청결, 안전, 질병 예방, 건강 증진 정책 등이 개인의 건강에 영향을 주겠지만, 이것도 사회가 공동으로 대처할 부분이 많은바 여기서는 생략하기로 한다.

단, 건전한 사회생활, 화목한 가정, 건전한 친구 유지는 건강에 필요하다. 주위가 평화로와야 내가 행복하고 건강할 수 있다. 강조하지만, 사회는 개인의 정신 건강에 막대한 영향을 준다.

인생은 플러스(+)다

(5) 개개인의 건강

개인의 건강 요인과 건강 유지의 방안은 무엇일까? "습관은 제2의 천성이다." "세상에서 제일 무서운 것이 습관이다."라고 습관의 중요성은 자주 강조된다. 건강에도 습관이 중요하다.

나쁜 습관이 몸에 배면 나쁜 습관인지 잘 모르는 경우가 많다. 자주 타인의 충고를 요청하고 좋은 충고를 받아들여야 한다. 정기적 건강 검진이 좋은 예다. 건강 검진도 알아내지 못하는 경우도 있으므로 섭생, 운동, 휴식, 생활 방식 등에 대하여 자주 스스로 점검하고 멘토들의 충고를 들어야 한다. 특히 "작은 습관이 건강을 좌우한다."를 강조하기 위해 각 부분에서 '*'로 표시했다.


① 섭생

건강에 좋은 음식, 깨끗한 물, 맑은 공기를 옳은 방식으로 적절히 섭취하여야 한다. 정상적인 배설 습관을 유지하도록 한다.

* 꼭꼭 씹어 천천히 먹는 습관
* 골고루 먹기
* 소식하기(조금은 부족한 듯)
* 즐겁게, 감사하며 맛있게 먹기
* 맑은 물 마시기(인공 음료 이상의 양)
* 가급적 코로 들이쉬는 호흡, 복식호흡(심호흡)의 연습
* 기타 너무 짜지 않고 너무 달지 않게 먹기 등
* 음주 자제하기
* 몸에 좋은 음식도 개인의 특성에 따라 다를 수 있으므로, 자신에 맞는

음식을 알아 둘 필요가 있다.

## ② 운동

적당한 운동이 필요하다. 사실 이 운동은 건강의 필수 요소는 아니었다. 인생의 5대 주제 중 하나인 "일"을 하면 별도의 운동이 필요하지 않았는데 현대에 들어와서 신체의 움직임이 많지 않은 직업이 생김으로써 일부 사람들에게 건강을 위한 별도의 운동이 필요하게 되었다. (주의할 점은 일을 기분 좋게 하면 건강에 도움이 되지만, 부정적인 마음으로 억지로 일하면 건강에 도움이 되지 않을뿐더러 건강에 나쁠 수도 있다는 사실이다.) 젊거나 건강할 때에는 조금 힘든 운동을 통하여 체력을 증진 시킬 필요가 있으나, 나이가 들수록 가벼운 운동을 통하여 건강을 유지할 필요가 있다. 개인에 따라 필요한 운동이 다르지만, 운동의 종류를 나열해 본다.

- 유산소 운동: 걷기, 가벼운 수영 등으로 심폐 기능 강화에 도움이 되고 신체 대사 활동 정상화에 도움이 된다.
- 근력 운동: 달리기, 역도, 팔굽혀펴기, 줄넘기, 수영, 축구, 여타 구기 등 다소 근육을 많이 사용하는 운동으로 체력 증진에 도움이 된다.
- 관절 운동: 체조, 요가, 스트레칭 등을 말하며 관절 유연성과 혈관 유연성 개선과 유지에 많은 도움이 된다.
- 특수 운동: 심호흡 운동, 청력 개선 운동, 시력 개선 운동, 지압, 마사지 등으로 신체의 특수 부위, 특수 기능을 증진시키기 위한 운동이 있다.

* 좋은 양치 습관
* 가급적 걷기(최소 하루 6~7천 보)
* 가급적 움직이기(돕는 일, 가사 등)

인생은 플러스(+)다

\* 자주 손 씻기, 귀가 후 손발 씻기

\* 주 1~2회 샤워 또는 목욕하기

\* 주 1회 취미 운동하기(수영, 등산, 테니스, 족구, 체조 등)

### ③ 수면과 휴식

"잠이 보약이다."라는 말을 가볍게 들어서는 안 된다. 특히 편안하고 깊은 잠은 건강의 필수 요소이다. 어쩔 수 없이 과로한 경우에는 특히 휴식이 필요하다.

\* 정시에 자고 일어나는 습관(가급적 일찍 자고 일찍 일어나기)

\* 깊고 안락한 수면(스트레스 이기기가 기본 조건)

\* 명상, 문화/음악/예술 감상, 독서, 좋은 생각하기, 즐겁고 기쁜 생활

\* 산책(산책하며 명상도 가능)

### ④ 신체 보호

외부의 영향과 사고로부터 스스로 보호하여야 한다. 외부의 악영향이나 사고로부터의 예방과 대처가 필요하다. 이웃과 협력하는 일도 필수다.

\* 주위를 항상 경계(상하 및 사방 경계)

\* 안전 제일의 습관화(급작한 방향 전환 경계, 안전 운전 등)

\* 2중 안전의 생활화(안전 장비 착용, 서두르지 않기)

### ⑤ 근심/걱정/의심/분노 극복(마음 다스리기)

인생에서 걱정(스트레스)이 전혀 없을 수는 없다. 원래 스트레스는 좋고 필요한 것이라고 한다. 고라니, 노루, 사슴 등의 약한 동물이 멧돼지,

호랑이 등의 강한 동물을 보거나 위험을 느끼면 신체에 스트레스 발생하는데, 이 스트레스는 달아날 때에 속력을 빠르게 할 힘을 증가시키는 데 필요한 호르몬을 생성 분출시킨다고 한다. 즉, 이때의 스트레스는 필요한 것이다. 문제는 과도하거나 필요가 없는 스트레스 즉 과도하거나 쓸데없는 걱정이다. 현대생활에서 필요 이상의 근심, 걱정, 스트레스, 두려움이 있다는 사실은 현대생활에서는 육체적인 건강보다 정신적인 건강이 중요하고, 정신 건강의 이상이 많다는 현상을 말해 주기도 한다. 그렇다면 스트레스에 대처하는 방법은 무엇일까? 스트레스를 1) 필요한 스트레스와 2) 필요 없는(또는 과도한) 스트레스로 나누어 대책을 세워 보자. 1) 필요한 스트레스라면 가급적 빨리 스트레스의 원인에 대한 대책을 세워야 한다. 예를 들어 사회에서의 성공을 원하는 것이 스트레스라면, 성공을 위한 노력에 착수하거나 성공의 계획을 늦추거나, 성공 목표를 완화 시키거나, 그러한 성공을 포기하고 다른 대안을 찾는 일이 대책일 것이다. 즉, 걱정을 행동으로 대체함으로써 걱정을 없애야 한다. 2) 필요 없는(또는 과도한) 스트레스라면 나 자신의 잘못된 생각을 빨리 지우고, 나를 용서하고, 과도한 집착을 경계하고, 새로운 계획을 세우는 일이 대책이다. 이러한 경우 대부분의 원인은 과도한 욕망 즉 탐욕인 바, 제6부 인생의 문제(불행)을 참고하면 될 것이다. 과도한 욕망이냐 아니냐는 판단이 쉽지 않은 경우도 많으므로, 심사숙고하고, 훌륭한 사람의 조언을 구하고, 때로는 쉽게 포기하지 않는 강한 정신력이 필요한 경우도 있다. 스트레스 문제도 일반 문제의 범위에 속하므로 제8부 인생 문제에 대응을 참조하면 좋을 것이다. 큰 스트레스는 사전에 방지하는 것을 목표로 하고 작은 스트레스는 극복하도록 하는 것이 좋은 전략이 될 것이다. 건강한 정신으로 스트

인생은 플러스(+)다

레스를 이길 수 있다. 즉, 스트레스를 유발한 원인을 무시하거나, 스트레스를 준 사람을 용서한다. 스트레스를 이기는 좋은 방법이 또 있다. 감사하거나, 즐겁거나, 기뻐하면 스트레스를 이기는 호르몬이 몸 안에 생성되어 정신 건강에 크게 도움이 된다. 정신 건강이 좋아지면 신체 건강도 당연히 좋아진다. 더 강력한 방법은 감동을 받는 일이다. (감동을 받으면, 심폐 기능이 정상화하고, 마음이 안정되고, 스트레스로 인하여 신체에 쌓인 암을 제거하는 데도 도움이 된다고 알려졌다. 부록 4 감동 참조) 더욱 강력한 호르몬의 작용으로 신체에 기적 같은 도움을 받을 수 있다. 감격하거나 슬피 우는 것도 감동과 비슷한 작용을 한다. 의심하거나, 화를 내거나 분노하면 감동과 반대로 건강을 악화시킨다.

* 분노를 억제한다. (단, 정의를 위한 분노는 감동이다.)

* 의심을 조속히 해소한다. (사실 확인, 용서, 사랑)

* 항상 감사한다. (부족한 일에도 감사한다.)

* 좋은 일에 몰입한다. (취미, 봉사 등)

* 좋은 생각에 집중한다. (기도, 희망, 꿈)

* 즐겁고, 기쁘게 산다. (조그만 즐거움에도 기쁘게 산다.)

* 건강의 최대 적은 근심·걱정·분노이고 건강의 최대 우군은 감동·기쁨·감사다.

* 내가 지고, 양보하는 일도 받아들인다.

* 타인의 사소한 잘못을 용서하고 지나친다. (큰 잘못도 용서할 수 있으면, 나는 대인 즉 깨달은 사람이다.)

* 감동도 생활화하고 습관화할 수 있다.

### ⑥ 질병에 대비

질병 예방에 힘쓰고 감염 시 조속히 적절한 조치를 하고 치료를 받는다. "건강은 건강할 때 지켜라!"라는 말이 있다. 몸의 건강을 지킴과 동시에 병의 예방이 제일이다. "병은 소문을 내라!"는 말이 있다. 병에 걸리면 병원에 가야 하지만, 의사의 처방만으로 건강을 지키지 못할 수도 있다. 어려운 병은 내가 반의사가 되어야 다방면의 처방을 할 수 있다. (근대의 의학은 너무 전문화하여 의사가 자기 분야의 문제점만 해결하려는 약점이 있을 수 있다.) 동양의학은 몸을 튼튼히 함으로써 건강을 지킨다는 원리에 기본을 두고, 서양의학은 병이 외부의 나쁜 원인 때문이라는 이론에 기본을 둔다고 한다. 이 두 원리와 이론을 종합적으로 활용하여야 할 것이다.

* 사회 시스템을 활용한다. (건강 검진, 예방 주사 등)
* 건강 생활을 습관화한다.
* 몸의 신호에 귀 기울이고, 신체와 정신의 변화를 관찰한다.
* 남의 의견을 많이 참고하고, 잘 판단하여 받아들인다.


### ⑦ 건강 유지

앞에서 기술한 섭생, 운동, 수면과 휴식, 신체 보호, 근심/걱정 극복, 질병에 대비 모두를 잘하여 건강하더라도 건강을 지키는 일이 남는다. 건강을 유지하려면, 건강의 이상 상황을 일찍 알아내야 한다. 다행히 우리 몸은 이상 상황을 알리는 예고 장치가 잘 되어 있다. "몸에서 보내는 신호에 귀를 기울여라." 모든 감각기관을 동원하여 신체와 정신의 변화를 세심히 관찰하여야 한다.

인생은 플러스(+)다

\* 사회 시스템을 활용한다. (건강 검진 등)

\* 몸의 신호에 귀 기울이고, 신체와 정신의 변화를 관찰한다.

\* 남의 의견을 많이 참고하고, 잘 판단하여 받아들인다.

### ⑧ 바른 생활(균형 이루는 생활)

건강이 인생의 다른 주제(일, 사람, 꿈, 죽음)에 강한 영향을 주듯이 인생의 다른 요소도 건강에 많은 영향을 준다(상호작용의 원리). 좋아하는 옳은 일을 즐겁게 하고, 좋은 사람들과 좋은 관계를 맺고 유지하며, 바르고 좋은 꿈을 가지고, 항상 아름다운 죽음을 위해 노력한다면, 건강은 저절로 따라올 것이다. 이것이 가장 확실하고 좋은 종합적 건강증진 방법이다. 즉, 바른 생활을 하면 자연적으로 건강한 정신을 유지하게 되고 건강한 신체를 보유하게 되는 것이다. 건강한 신체와 건강한 정신을 갖추면 외부에서 질병이 침입할 수 없어 건강을 유지하게 된다. (제5부 인생의 목적/목표에서 인생의 또 다른 목표가 바른 생활임을 참조)

현재의 상태가 건강하지 못하다면, 현재의 생활에 바른 생활에 어긋난 것은 없는지 검토하고, 무엇이 잘못된 습관인지 찾아내어 건강 문제의 근본 원인을 찾아 해결해야 긴 건강이 확보될 것이다. 즉 일시적으로 병을 치료하더라도 재발을 방지하려면 병의 근본 원인을 찾아 해결하여야 할 것이다. (현대의 의사들은 이러한 근본 원인에 신경을 쓸 여유가 없는 듯하다.)

\* 진·선·미를 생각하고 공부하고 생활하는 사람이 군자고, 대인이고,
  현자이고, 훌륭한 사람이다.

\* 건강에 가장 좋은 것은 감동이고, 감동의 대상이며 원천은 진리다.

\* 사랑한다. (남을 도와준다.)

\* 기뻐한다. 자주 감동한다. (부록 4 감동 참고)

### ⑨ 중요한 조언

위에서 건강에 대하여 하여야 할 일, 안 해야 할 일을 많이 언급했다. 그러나 그러한 모든 것을 모르고, 또는 알고도 못 하는 경우가 있다. 그럴 때에는 걱정을 하지 않는 것이 좋다. 우리 몸은 생각보다 강하고 때로는 질기다.

단지, 너무 심한 잘못과 너무 오래 잘못을 방치하면 회복이 어렵게 된다. 따라서 건강을 수시로 검토하고 몸에서 보내는 소리 등 신호를 조심스럽게 듣거나 감지하여 일찌감치 대처하여야 한다. 다른 사람의 의견이나 조언을 받아들이고 진심으로 참고하여야 한다. (이미 습관화된 나의 나쁜 생각과 행위를 스스로 깨닫거나 깨우치지 못하는 경우가 많다.)

## 3) 사람: 인연, 인간관계, 사회관계의 기본은 사랑이다

인생의 5대 주제 중 **사람**이 가장 어려운 주제가 아닌가 생각한다. 그래서이기도 하고, 또 본서의 의도인 전체적인 인생 개요의 의미를 명확히 하기 위해서, 본서에서는 사람 즉 인간관계를 간략히만 기술하고자 한다.

### (1) 사람의 구분과 특성

- 인간관계도 목적이 있다. (제3부 인생의 환경 1 (사회) 참조) 인간관계는 사회에 도움이 되고, 개인에게 유익하여야 한다.

- 의인: 남에게 또는 사회에 크게 도움이 되는 사람
- 악인: 남에게 또는 사회에 조금이라도 해가 되는 사람
- 무관인: 내게 무해무득한 사람, 또는 관계가 없는 사람

- 가족/친구/연인/친인척/동료/사회관계인/경쟁 관계인/기타 등으로 구분할 수 있다. (제3부 인생의 환경 1 (사회) 참조)

- 사람은 변한다. 한때, 나에게 잘못한 사람이 나중에 나에게 도움을 주기도 하고, 반대의 경우도 있다. 현재는 나에게 무해무득한 사람이지만, 나중에 도움을 줄 수 있고, 해를 끼칠 수도 있다. 따라서 사람을 사귀거나 관계를 유지할 때 그 사람의 특성을 파악하고 관찰하여야 한다. 남도 나와 같은 사람이므로 제2부 인생의 주체(나는 누구인가?)를 참조하면 도움이 될 것이다. 자신을 잘 알 수 있으면, 다른 사람도 잘 알 수 있다.

- 사람의 근본은 잘 변하지 않는다고 한다. "사람은 고쳐 쓰는 것이 아니다."라는 말이 있다. 악인은 가급적 멀리하여야 한다.

- 상당히 나쁜 사람이 아니고, 단지 약간의 단점을 가진 사람이라면, 가급적 많은 사람을 사귀고 좋은 관계를 유지하는 것이 좋다. 특히 젊을 때에는 대인 관계의 폭을 넓히고, 나이 들면서 줄이는 일이 일반적일 것이다. 공자가 말한 삼인행, 필유아사(三人行, 必有我師) 즉 세 사람이 가면 필히 나의 스승이 있다는 말은 남에게서 배우고, 또 서로 도움을 받기도 하고 주기도 하라는 말이다. 이웃에게서 도움을 받을 줄 알아야, 도움을 줄 수도 있다.

## (2) 사람의 판별

- 사람의 판별은 쉽지 않다. "열 길 물속은 알아도, 한 길 사람 속은 모른다."는 말이 있다.

- 사람의 소개자를 알면 그 사람을 어느 정도 파악할 수 있다. 또 소개자가 일종의 보증인 역할을 하기도 한다. 따라서, 가급적 좋은 사람 또는 좋은 사회의 소개를 받아 사귀는 것이 좋다. "그 사람을 알려면, 그의 친구를 보라."는 말이 있다. 친구나 그가 속한 사회나 주위 사람을 보면 그 사람을 평가하거나 판단하는 데에 도움이 될 것이다.

- 장기간 사귀면서 대상자의 성격 등 특성을 파악하도록 노력하여야 한다.

- 신용은 중요한 덕목이다. 신용을 얻고 쌓기 위해서는 약속을 잘 지켜야 한다. 거짓말은 당연히 신용에 역행한다. 인자로움으로써 인덕을 쌓아야 한다. 정의로워야 믿을 수 있다. 그러고 보면 예부터 우리가 갖추어야 할 덕목으로 알려진 인의예지신(仁義禮智信)의 뿌리가 신용인 것 같다.

- 예측 가능한 사람은 대체로 좋고 순수한 사람이다. 단, '예측 가능한 사람' 자신은 남에게 이용당하기 쉬우므로 조심하여야 한다. 예측 가능한 사람의 반대가 '겉과 속이 다른 사람'이다.

- 인간의 중요한 능력 중의 하나인 판단력, 그중에서도 사람 보는 눈(사람 보는 능력)을 키우는 일이 필요하다. 신언서판으로 판단하고, 관상 특히 이목구비(耳目口鼻)를 보는 일이 구태의연하다면, 현대에는 그 사람의 학력, 경력 등을 보고 능력을 판단한다. 능력도 중요하지만, 성격, 가치관 및 지혜와 의지를 보는 것이 어렵지만 더 중요할지 모른다.

- 사람의 판별·판단은 쉽게 해서는 안 된다. 신중을 기하고, 우선은 용서와 사랑으로 대해야 한다. 그 사람의 변화와 개선의 가능성을 염두에 두고, 기다리며 신중히 사람을 판별해야 할 것이다.

「남을 심판하지 마라. 그러면 너희도 심판받지 않을 것이다. 남을 단죄하지 마라. 그러면 너희도 단죄받지 않을 것이다. 용서하여라. 그러면 너희도 용서받을 것이다.」성경에 나오는 말이다.


## (3) 인간관계

- 인간관계의 기본은 사랑이고, 자비고, 배려이며, Give & Take여야 한다. 또 신의 및 신용이 필수라고 할 수 있다. 때로는 사회나 개인의 잘못을 용서하고 수용하여 관계를 유지하여야 한다. 왜냐하면, 변화의 원리에 따라 사회 상황은 바뀔 수 있고, 상대방의 입장은 나와 다를 수 있기 때문이다. 또 사랑이나 배려로 상대방을 변화시켜 사회나 나에게 도움이 되도록 할 수 있기 때문이다. 사랑은 양방향이어서, 우리가 이웃을 돕기도 하지만, 우리는 다른 사람의 도움을 받는 경우도 많음을 잘 알아야 한다.

- 좋은 사람을 사귀는 일에 공을 들여야 한다. 좋은 친구를 가짐은 행복이다.

공자가 말한 행복이 "벗이 먼 곳에서부터 온다면 또한 즐겁지 않겠는가?"이다. 좋은 사람의 판별법은 앞에서 기술하였다. 스스로는 좋은 사람이 되도록 노력하며, 좋은 사람과 관계를 맺고 유지하는 일이 인간관계의 기본이다.

- 근묵자흑(近墨者黑)이라고 하였다. 악을 멀리하라는 가르침이다. 개

선 가능성이 없는 사회나 개인은 대체로 관계를 멀리하거나 무의미한 관계만 유지하는 것이 좋다. (소위 "소 닭 보듯 한다."는 관계) 악인을 가까이하면 내가 나빠질 수 있다는 말이다. 심각한 악의 세력은 제거하여야 할 대상이다.

- 인간관계가 중요한 것은 사실이지만, 그것도 너무 집착하여서는 안 된다. 인간은 누구나 홀로 태어나서 혼자 간다. 물론 청장년의 시기에는 많은 사회에 참여하여 많은 인간관계를 가지며 살아간다. 외로움의 고통을 아는 사람은 인간관계를 과도하게 중시하기도 한다. 그렇지만 나쁜 친구는 없느니만 못하다. 사실 종교의 큰 역할 중 하나가 외로움의 극복이다. 신이나 훌륭한 선지자와 함께함으로써 마음의 위로를 받을 수 있다.

- 인간관계는 대부분 사회를 통해서 이루어지고, 나와 사회의 관계가 기본이고 기반이다. (제3부 인생의 환경 1 (사회) 참조)

인간관계를 잘 유지하기 위해 많은 노력과 특별한 기술이 필요하기도 하지만 여기서는 생략한다.

### 4) 꿈: 항상 꿈을 잃지 말라. 죽을 때까지 꿈을 가져라.

꿈은 미래에의 희망이고 행복이며, 인생의 계획이고 목표다. 끊임없이 꿈꾸고, 죽을 때까지 희망을 놓지 않아야 한다. 꿈은 인생의 5대 주제(일, 건강, 사람, 꿈, 죽음) 중에서 결코 중요도가 뒤지지 않는다. 꿈은 나머지 네 주제와 긴밀하게 연관되어 있다. 꿈은 일, 건강, 인간관계, 죽음을 더

인생은 플러스(+)다

깊이 전향적으로 생각하고, 상호 조화를 이루며, 모든 상황이 나아지도록 계획할 것이다. 즉 꿈은 나머지 네 주제(일, 건강, 사람, 죽음) 함께 돌아보고 함께 성취하도록 돕는 일이다. 일에 대한 성취 계획과 희망, 건강과 관련한 계획과 희망, 사회생활에서의 조화와 평화, 죽음을 대하는 계획과 대비를 항상 밝게 가져야 한다.

또 꿈은 인생의 목적이고 목표다. (제8부 인생의 목적/목표 참조) 바른 꿈은 나의 행복을 넘어 이웃과 세상의 평화를 돌보고자 할 것이다. 죽는 순간까지 큰 꿈을 생각하고 지향하는 지혜가 있어야 한다.

꿈은 기도와 동의어다. 단지 꿈이 더 현실적이고 실행을 강조하는 표현이다.

"꿈은 이루어진다."는 유명한 말이 있다. 꿈을 이루기 위해서는 3가지 조건이 있다.

① 바른 꿈을 가져야 한다. (정의로운 꿈이라야, 적극적이고 지속적으로 추구할 수 있다.)
② 긍정적으로(반드시 이루어진다는 희망을 가지고) 최선을 다하여야 한다. (최선을 다하면, 하늘도 감동하여 돕는다.)
③ 구체적으로(계획을 가지고), 행동으로, 강하게 꾸준히 추진하여야 한다.

진실된 바른 꿈이 있는가 하면, 낭만적인 꿈이 있고, 허망된 꿈도 있을 수 있으므로 바른 꿈을 가지도록 노력하여야 한다.

꿈이 없다면 살아 있는 것이 아니다. 꿈이 없는 삶은 동물의 삶과 다름

아니다. 꿈이 없으면 모자란(있어야 할 것이 없는) 것이다. 꿈이 없으면
불행한 것이다. 꿈이 없으면 자칫 늙어서 치매에 걸릴 가능성도 높아진다
고 한다. 사소한 꿈 사소한 계획이라도 없는 것보다는 있는 것이 훨씬 낫
다. 죽을 때까지 꿈을 가져야 한다. 아니 죽은 후에도 꿈이 있어야 할지 모
른다. 내가 죽은 후라도 내 후손 인류가 잘되고, 나도 잘되는 꿈 절대 나쁘
지 않다. (많은 종교가 천국, 극락 등 죽은 후의 꿈을 추천한다.)

## 5) 죽음: 아름다운 죽음이 삶의 목표다.

죽음은 인생의 끝이다. (사후 세계가 있다고 하더라도 그것은 인생이
아니고 인생 후의 일이다.) 죽음은 인생의 마감이지만, 삶의 총 궤적 또
는 누적이란 의미가 있다. 그래서 아름다운, 바람직한 죽음은 멋있는, 훌
륭한 삶이라고 할 수 있다. 훌륭한 삶이 바로 멋진 죽음이다. (훌륭한 삶 =
아름다운 죽음) 스포츠에서 그 예를 볼 수 있다. 골프를 잘한다는 것은 좋
은 타격(hitting)으로 공을 원하는 곳으로 보낼 수 있다는 뜻이다. 그런데
좋은 타격은 타격의 사전 행위인 백스윙과 다운스윙의 결과이다. 좋은 백
스윙과 좋은 다운스윙 없이 좋은 타격은 없다. 훌륭한 삶 없는 멋진 죽음
은 없다. 그래서 항상 죽음을 생각하면서 좋은 삶을 계획하고 살아야 한
다. 단지 훌륭한 삶이 완벽한 삶을 의미하지는 않는다는 사실을 알아야
한다. 잘못이 하나도 없는 삶은 없다.

반복하는 설명이 될지 모르지만, 죽음이 인생의 5대 주제가 되어 살아
가면서 계속 죽음을 생각해야 하는 이유는 우리가 살면서 거울을 보는 일
과 같다. 우리가 거울을 보는 일은 거울을 보는 것이 아니다. 거울 속의 우

리를 보는 것이다. 우리가 죽음을 생각하는 일은 죽음을 보는 것이 아니다. 죽음 앞의 삶을 생각하는 것이다.

### (1) 아름다운 죽음

아름다운 죽음이 병 없이 편히 죽는 것을 의미하지는 않는다. 누구나 나이가 들면서 몸에 약한 부분이 생기기 마련이고 또 병이 들기도 한다. 평소에 몸이 건강하였고 후회할 일이 적었다면, 죽음의 통과 의례에서 덜 고생할 수는 있다. 5복 중 4번째인 유호덕(攸好德: 남에게 많은 것을 베풀고 돕는 선행과 덕을 쌓는 것)과 고종명(考終命: 일생을 건강하게 살다가 평안하게 생을 마치는 것)이 많은 사람들이 바라는 아름다운 죽음일 것이다.

### (2) 훌륭한 삶

훌륭한 삶은 제9부 인생의 길(어떻게 살 것인가?)의 목표다. 인생의 5대 주제를 잘 이해하고 헤쳐 나가면 그것이 바로 훌륭한 삶이다. 바른 생활을 하고 자신의 삶을 충실히 살면 그것이 바로 훌륭한 삶이다. 죽음에 임하여 많은 사람들이 인생을 잘못 살았다고 후회하거나, 잘 열심히 살아온 것 같은데 허무하다고 느낀다. 살아가는 동안 유호덕을 실천하면 후회 없는 훌륭한 삶이 될 것이다. 인생의 목적과 목표를 제대로 알고 어느 정도 달성했다면 죽음에 임하여 허무함을 느끼지 않고 보람을 느낄 것이다. 성경에는 다음과 같이 기술하고 있다. "너희는 가진 것을 팔아 자선을 베풀어라. 너희 자신을 위하여 해지지 않는 돈주머니와 축나지 않는 보물을 하늘에 마련하여라. 거기에는 도둑이 다가가지도 못하고 좀이 쏠지도 못한다."

세속의 성공(부, 명예, 권력)이 훌륭한 삶은 아니다. 세속의 성공은 이루면 좋지만 (많은 선한 일을 할 수 있어서 좋다.) 그것이 인생의 최종 목표는 아니고 그 자체로는 훌륭한 삶도 아니다.

나보다 나 이외의 대상을 더 사랑하며 산다면, 나와 세상의 평화를 이끄는 훌륭한 삶이 될 것이다. (제5부 인생의 목적/목표 참조)

### (3) 끝까지 최선을 다하는 삶

"끝이 좋으면 다 좋다."는 셰익스피어의 말이다. 100미터를 뛰는 사람은 100미터까지만 뛰어서는 안 된다. 적어도 110미터까지는 뛰어야 100미터까지를 최선을 다해 뛰었다고 할 수 있다. 그래야 100미터의 최고 기록이 나올 것이다. 우리 옛말에 "100리를 가는 사람을 90리를 반으로 친다."는 말도 있다. 모두 마무리가 중요하다는 말이다.

죽을 때까지 최선을 다한다는 의미는 죽을 때까지 일하고, 죽을 때까지 건강에 힘쓰고, 죽을 때까지 이웃을 사랑하고, 죽을 때까지 꿈을 가져야 한다는 의미이다.

"메멘토 모리(memento mori)"는 라틴어로 죽음을 기억하라는 뜻이다. 승리하여 돌아오는 장군이 장병들에게 "메멘토 모리"라고 소리치라고 했다고 한다. 지금은 승리했지만 패전할 수도 있음을 생각하여 항상 겸손하게 미래에 대비하라는 의미일 것이다.

"죽음을 생각한다."는 것은 항상, 죽을 때까지 겸손하게, 진지하게, 최선을 다하며 산다는 다짐이다. 이는 진지하게 산다는 의미에 더하여, 변화무쌍한 인생에 죽을 때까지 잘 대비해야 한다는 뜻이다. 이 말은 "까르페 디엠(carpe diem)"과 함께 유명한 말로서 서로 통하는 의미가 있다. "까르

인생은 플러스(+)다

페 디엠"이 오늘을 잡아라, 즉 오늘 최선을 다하라는 의미이기 때문이다. 오늘부터 지금부터 최선을 다하는 것이 죽음을 생각하는 삶이다. 사실 이 면에서는 많은 종교가 모범적이다. 종교에서는 졸업이 없다. 졸업은커녕 심지어는 죽음 후까지 진지하게 고려하는 것이 종교다. 종교의 장단점이 있기는 하지만 종교를 삶의 철학으로 고려해 보아도 좋을 것이다. (부록 1 우주의 생성 이론과 종교 참조)

바둑의 고수는 수를 ① 정확히 ② 넓게 ③ 깊이 ④ 다양하게 ⑤ 멀리 본다. (그런 후에 판단하고 다음 착수를 결정한다.) 인생에서 죽음을 생각하는 것은 적어도 인생을 가장 멀리 내다보는 일이다.

### (4) 죽음 이후

이 세상에 우리가 잘 모르는 영(靈)이 있는 것은 확실하다. (부록 1 우주의 생성 이론과 종교 참조) 그렇지만 이것을 신이나 사후 세계로 이해하는 것은 믿음의 영역이고, 종교의 영역이다.

사후 세계에 대하여 한 종교인으로부터 들은 이야기가 의미 있다. 그의 말인즉 "천국이 있지만, 없다고 생각하고 살아라." 이 말을 뒤집어서 쓰면, "천국은 없지만, 있다고 생각하고 살아라."가 된다.

괴테가 이렇게 말하였다고 한다. "천국과 지옥이 있는지 없는지 잘 모르지만, 현세의 정의를 위해서 천국과 지옥이 있으면 좋겠다."

사후 세계가 있다, 없다 따지기보다 현세의 삶을 훌륭하게 살아내는 일이 중요하다. 죽음의 순간까지 정의롭게 살고, 만족하고 행복할 수 있다면, 사후 세계가 있더라도 문제가 되지 않는다. 아니 더 좋을 뿐이다.

# 2. 바른 생활

바른 생활을 3가지 관점에서 검토해 본다.

① 잘못을 경계하는 생활

② 인생의 본질에 충실한 생활

③ 인생의 목적/목표를 가지고 추구하는 인생의 5대 주제

## 1) 바른 생활은 무엇인가?

바른 생활의 반대 개념은 잘못된 생활이라고 할 수 있다. 소극적인 바른 생활은 잘못(과실)이 없는 생활일 것이다. 잘못은 크게 두 가지가 있다. 생각의 잘못과 행위의 잘못이다. 도식으로 보이면 이해하기 쉽고 기억하기 쉽다.

### 잘못

① 생각의 잘못 : 탐욕, 무지, 분노 등과 착오, 착각

② 행위의 잘못

 - 무위의 잘못: 무지의 무위, 의도적 무위, 게으름

 - 행위의 잘못

인생은 플러스(+)다

* 생각은 마음을 포함한다.

* 행위는 말을 포함한다.

* 잘못은 자신이나 남에게 피해를 주는 일이다.

* 정신병으로 인한 생각/행위의 잘못은 여기서는 다루지 않기로 한다.

마음이나 생각이 말과 행위로 나타나며, 말이나 행위는 습관화될 수 있고, 습관은 가치관이나 인성이 되어, 마음 깊은 곳에 자리 잡는다. 즉 다음과 같이 순환하게 된다.

마음/생각 → 말/행위 → 말/행위의 습관화 → 가치관/인성

바른 생활은 좋은 말/행위가 습관화하는 선순환의 생활이고, 잘못된 생활은 나쁜 마음/생각이 말/행위로 나타나 자신이나 남에게 피해를 주는 생활이다. 좋은 말/행위가 습관화되면 최상의 바른 생활이 되고, 나쁜 생각/행위가 습관화되면 인생이 꼬인다. "세상에서 제일 무서운 것은 습관이다."라는 말이 있는 것은 잘못된 습관을 인지하거나 고치는 것이 어렵기 때문이다. (잘못된 생각, 마약, 도박, 나쁜 친구를 경계해야 한다.) 항상 스스로를 돌아보아야 하는 이유이다. 때로는 제3자의 눈을 통해서 나를 보아야, 내가 못 본 나의 잘못을 찾아낼 수 있다.

그런데 잘못이 없는 생활을 소극적인 바른 생활이라고 하는 이유는 세상을 살면서 잘못이 없을 수 없기 때문이다. 예를 들면 인간이 먹고살기 위해 생물을 살생한다. 또 개발한다는 명분으로 자연을 파괴한다. 나의

자유를 위해 남의 자유를 저해한다. 그러다 보면, 과연 무엇이 정의인지 헷갈린다. 우리는 잘못을 완전히 피할 수가 없다. 적극적인 바른 생활은 다소의 잘못을 어쩔 수 없는 것으로 인정하고, 대신 베푸는 삶을 사는 길이다. 사랑, 자비, 배려, 희생, 봉사의 삶을 생각해야 한다. 이것이 잘못을 저지르는 우리의 적극적인 바른 생활일 것이다.

바른 생활의 또 다른 측면은 인생의 본질에 충실한 생활이다. 인생의 3요소인 나와 사회와 자연의 조화로운 생활을 말한다. 인간의 본능에 충실하면서 사회 및 자연과 잘 어울린다면 이는 훌륭한 바른 생활일 것이다. 하지만 인간의 3가지 본능에 충실하다는 일이 그렇게 쉽지만은 않다. 이 부분은 제1부 인생의 본질, 제2부 인생의 주체, 제3부 사회 및 제4부 자연에서 어느 정도 설명이 되었으므로 여기서는 생략한다. 다만, 나와 사회와 자연의 조화로운 생활을 다시 한번 강조하고 싶다. 이 면에서는 나를 너무 강조하거나 앞세우지 않는 겸손과 겸허한 태도를 생각하면 어떨까?

앞의 두 가지 바른 생활의 개념이 너무 이론적인 면에 치우쳤다면, 좀 더 현실적이고 실질적인 바른 생활은 제5부 인생의 목적/목표를 가지고 앞에서 기술한 인생의 5대 주제를 잘 이해하고, 잘 살아내는 일이다. 조금 어렵다면 5대 주제를 균형 있게 또 조화롭게 살아내는 일이다. 하지만, "우리가 알아야 할 것은 유치원에서 이미 다 배웠다."라는 말이 있다. 인생이 그렇게 어렵지 않다는 말이다. 바른 생활의 지식이 어려운 것은 아니다. 바른 생활을 위해 아는 지식을 실행하는 것이 어려울 뿐이다.

## 2) 바른 생활을 하여야 하는 이유

당연히 바른 생활을 지향해야 하지 않느냐고 쉽게 받아들이는 사람도 있고, 죽으면 끝인데 적당히 살면 되지 않느냐고 반발하는 사람도 있을 것이고, 어려운 바른 생활을 굳이 지향해도 곧 무너질 것이라고 미리 포기하는 사람도 있을 것이다. 그러면 왜 바른 삶을 살아야 할까?

인생이 너무 변화가 많고 어려워, 우리 머리만으로는 조화롭게 인생을 풀어 나가지 못하기 때문이다. 일에 열심이다 보면 건강에 약점을 보이고, 내 건강에만 충실하다 보면 일이나 사회관계에서 맹점이 드러난다. 인생을 간략히 요약한 인생의 5대 주제도 조화롭게 해결하지 못하는 것이 현실이다. 하물며 복잡하게 돌아가는 세상의 일은 누누이 언급했듯이 미지의 상황이 때때로 발생한다. 우리의 머리로는 예상하지 못한 일이 자주 일어난다.

바른 생활은 옳은 생활을 지향함으로써 불의의 상황의 발생을 줄이고, 조화로운 삶을 지향함으로써 예상외 상황의 발생을 줄일 수 있다.

## 3) 바른 생활을 위한 몇 가지 조언

### (1) 성실하자
성실은 두 가지 의미를 포함한다. 첫째는 정의 즉 옳은 것을 추구하는 일이다. 둘째는 열심히 행동하고 실행하는 일이다.

인생의 5대 주제에 집중하다 보면, 주제 간의 우선순위를 잘못 수행하거나 주제 간의 조화를 이루지 못하는 잘못으로, 한 주제 면에서 성공하지만 다른 주제 면에서는 실패할 가능성이 있다. 예를 들어, 일을 너무 열심히 하다가 건강을 심각히 해친다면 일을 잘 수행했다고 볼 수 없는 것이다. 따라서 바른 생활이 5대 주제를 균형 있고 조화롭게 잘 이끌어야 한다. 옳은 것을 옳게 추구하면 5대 주제를 조화롭게 이끈다.

열심히 일하고, 성실히 자신의 건강을 돌보면, 행복하고 사회에서 성공할 것이다. 더하여 성실하면 사회관계에서 '신용'이라는 자산을 얻게 된다. 성실은 사회의 도움을 유도하고 신용은 성공의 확률을 크게 높인다.

정신과 생각이 바르고, 태도 행위 행동이 바르면, 인생이 바르게 된다. 즉 건강, 인간관계, 꿈도 바르게 된다.

성실함은 때로는 용기와 결단을 필요로 하기노 한다.


### (2) 남을 배려하자

사랑하라, 자비를 베풀어라, 배려하라는 말이 같은 말이다. 전해 내려오는 5복 중 하나가 유호덕(攸好德)이다. 즉 남에게 많은 것을 베풀고 돕는 선행과 덕을 쌓으라는 것이다. 사회생활의 기본이며, 타인을 배려함은 결국 자기를 위한 것이기도 하다. "이타주의의 궁극은 이기주의와 통한다."는 말이 있다. 친구들을 위하여 목숨을 내놓는 것보다 더 큰 사랑은 없다고도 한다. 베풂은 혹 있을 나의 잘못에 대한 보상의 의미도 있다. 내가 도움을 요청할 때가 있고 도움을 받을 때도 많다. 배려하는 차원을 높여 남을 적극적으로 돕는다면 제일 바람직하다.


### (3) 때론 도움을 청하자

바른 생활은 어린이와 같은 생활이다. 어린 아이는 배고프면 울고, 어려우면 떼를 쓰며 도움을 청한다. 배부르면 웃고, 편안하면 쉬며 논다. (제8부 2. 문제 해결 실행론의 같은 소제목을 참조하라.)

우리는 항상 부족하다. 좋은 일에 도움을 청하는 일은 부끄러운 일이 아니다. 대신 다른 사람이 도움을 요청하거나 필요하면 도와주어야 한다.

### (4) 과욕을 경계하자(마음을 다스린다)

배부른데도 더 많은 것을 요구하고, 편안한데도 더 욕심을 내고 남과 비교하며 경쟁하려는 것이 과욕이다. 과유불급(過猶不及)이 아니라 과즉불의(過則不義)다. 특히 남을 해롭게 하면서 자기의 과욕을 채우려는 것은 금물이다.

현재의 수요에 충분한데 미래의 수요에 대비하여 또 불안을 해소하기 위해 과도한 비축을 한다면 과욕이다. 한 단계 한 단계 성취하여야 하는데 한 번에 급하게 도약하려는 일도 과욕이다. 과욕이 심한 것을 탐욕이라고 하며 탐욕은 불의(옳지 않음)이고 범죄다. 앞에서 5대 주제의 수행에 있어, 우선순위나 균형/조화의 문제가 있을 수 있다고 했는데 많은 원인 중 과욕이 주원인이다. 5대 주제 중 한 주제에 탐닉한다는 것은 다른 주제에 소홀히 하거나 해를 끼치는 일이 될 수 있다. 또 과욕은 내 욕구를 달성하기 위해 다른 사람의 자유나 행복을 해하기 쉬워 불의나 범죄가 될 수 있다. 그래서 과욕, 탐욕을 특히 경계하여야 한다.

탐욕은 또 다른 잘못인 분노의 원인이 되기도 한다. 분노, 화냄은 특히 건강에 독이 된다. 석가모니가 말했다고 한다. "분노는 불덩어리를 남에게 던지는 것과 같다. 내 손이 먼저 화상을 입는다." 불교에서는 탐욕, 분노, 무지를 3독이라 하여 특히 경계한다.

### (5) 항상 공부하자

앞의 성실은 공부하는 것을 포함한다. 강조하지만 배우는 것을 부끄러워하지 않아야 할 뿐 더러 배움을 즐겨야 한다. "배우고 때때로 그것을 익히면 또한 기쁘지 않겠는가?" 공자의 말이다. 배우고 익히는 일은 특히 현자의 즐거움이다. 배움을 즐기는 일을 아무나 할 수 있는 일은 아니지만, 노력하면 누구나 하고 즐길 수 있는 일이다. 배움의 이득을 화목을 키우는 일에 비유한 사람이 있다. "화목을 키우면 꽃을 보아서 좋고 열매를 얻어서 좋다." 배움이 그렇다. 배우면 즐겁고, 배움의 열매는 달고 맛있는 소득이 따른다.


### (6) 죽을 때까지 인생에 대한 호기심을 놓지 말자

자연의 제1 원리는 변화의 원리이다. 세상의 모든 것은 변한다. 항상 변한다. 나도 변하고 세상도 변한다. 내가 죽을 때까지 변하고 죽고 나서도 변한다. 괴로움을 극복하기 위해서도, 인생을 즐기기 위해서도, 세상의 발전을 위해서도 인간은 변화를 관찰하고, 연구하고, 대처하여야 한다. 변화의 관찰/연구/대처를 공부라고 표현했다. 공부의 단초를 호기심으로 표현했고 항상을 죽을 때까지로 표현했다.

**공부 = 변화의 관찰/연구/대처**

**호기심 = 공부의 단초**

**항상 = 죽을 때까지**

"인생은 내일을 모른다."고 한다. 죽을 때까지 공부하여야 하는 이유다. 공부에 알레르기 반응을 일으킨다면 호기심/관심/연구/노력으로 대치해도 좋다.

인생은 플러스(+)다

공부의 목적은 공부가 아니다.

공부의 목적과 목표는 실행이다.

## (7) 공부하는 방법 3가지

공부하는 방법은 크게 3가지로 구분할 수 있다.

① 책: 선인(先人)이 연구 및 체득한 내용을 쉽게 습득하는 방법이 책을 통하는 방법이다. 책은 유인물만 뜻하는 것이 아니고 전자 기록물, 방송, 강의, 강연 등을 나 이외의 사람이 경험하여 발표하는 모든 내용을 포함한다. 앞으로는 인공지능도 포함하여야 할 것이다. 단지, 책에 있는 내용이 다 옳다고 볼 수는 없으며, 특히 나에게 잘 적용이 될지 모르는 단점이 있다. 책을 잘 선택하여야 한다.

② 스승: 좋은 스승에게 배우는 일이 최선의 효과적인 방법일 것이다. 왜냐하면 좋은 스승은 나의 장단점을 잘 알고 효과적으로 잘 지도할 것이기 때문이다. 단지, 좋은 스승은 많지도 않고 만나기도 쉽지 않다. 하지만 공자가 말했듯이 일부 분야의 스승은 많다고 볼 수 있다. 특히 공자는 반면교사(反面敎師)도 스승으로 보았다. 子曰:「三人行, 必有我師焉. 擇其善者而從之, 其不善者而改之.」자왈:「삼인행, 필유 아사언. 택기선자이종지, 기불선자이개지.」공자가 말했다.「세 사람이 길을 가면 반드시 나의 스승이 있다. 선한 것을 택하여 따르고 불선한 것으로 나 자신을 고친다.」(논어 술이편 7-21)

선생님을 대하는 태도와 자세는 존경이라야 한다. 선생님이 부족한 면이 있더라도 존경하는 마음이라야 제대로 배울 수 있다.

③ 체험: 지식이 아무리 많고 좋아도 몸으로 마음으로 체득하지 않으면

효용이 떨어진다. 책이나 선생님에게서 배운 지식을 곱씹어 이해하고 연습하여 습득하는 노력이 필요하다. 스스로 심각하게 생각해 보고 실제 삶에 부딪치며 열심히 사는 일이 인생의 제일 좋은 공부 방법인 것이다. 설혹 인생에서 부분적으로 실패하는 경우가 있더라도 이는 좋은 반면교사가 될 수 있다.

### ⑻ 무엇을 공부하는가?

우리가 바른 생활을 위해서 배우고 익혀야 할 지식이나 지혜는 많다. 특히 제3 본능인 진리 추구의 본능만으로는 진리를 터득할 수 없다. 인생의 옳은 길이 바른 생활이 쉽지만은 않은 것이 사실이다. 특히 인생의 5대 주제인 일, 건강, 사람, 꿈, 죽음에 관한 지식과 지혜를 어떻게 습득하여야 하고 우리의 한정된 역량을 언제 어떻게 균형 있고 조화롭게 쏟아 부어야 하는지 쉽지 않다. 때로는 몰라서 못 하고, 때로는 노력 및 실행의 시기를 잃어 후회하게도 된다. 내 힘으로는 역부족이라고 느끼기도 하고, 잘못을 저지르기도 한다.

인생의 본질, 인생 목표의 설정, 현재 마주친 인생 문제, 해야 할 과제, 해결 방법, 인생 목표의 달성 가능성 검토 및 목표의 수정, 앞으로의 계획 등이 공부의 과제다.

인생 공부의 재료는 너무 광범위하고 많기 때문에 단순화할 필요가 있다. 이 책의 목차에서 제목과 소제목을 가끔 보고 생각하면 빠뜨림이 없을 것이다.

인생은 플러스(+)다

(9) 겸손하자

겸손의 의미는 넓다. 참 겸손은 적극적이고, 혁신적이며 나 자신에게 독하다. 겸손은 내가 부족함을 알므로 양보하고 남을 도와주며 때때로 남의 도움을 받는다. 겸손은 내가 부족함을 알므로 남들보다 열심히 공부하고, 노력하고, 일한다. 겸손은 사회의 발전을 도모하며, 자연을 대하는 참 진리다. 참 진리와 정의를 추구하는 유일한 길은 겸손이다.

과공비례(過恭非禮: 너무 공손함은 예의가 아니다.) 과손비례(過遜非禮: 너무 겸손함은 예의가 아니다.)라는 말이 있지만, 겸손하다는 말이 너무 비굴하거나, 무조건 양보하거나, 모르는 척하고 항상 지라는 말이 아님을 알아야 한다.


(10) 진리를 추구하자

제1부 인생의 본질 3. 진리의 인생 참조


## 4) 바른 생활의 실패(실패는 있다)

살다 보면 잘못을 하게 된다. 또 실패도 한다. 잘못을 했을 때에는 가급적 빨리 반성하고 바로잡아야 한다. 잘못이 남에게 피해를 주었을 때에는 보상하도록 하여야 한다. 바로 보상할 능력이 없다면 보상 방법에 대해 피해자와 상의하는 것이 원칙이다. 다시는 잘못을 반복하지 않겠다고 다짐을 하여야 한다. 보상을 하는 일은 쉽지 않다. 상대의 보상 수락의 완벽한 동의가 있어야 완벽한 보상이라고 할 수 있다. 따라서 잘못을 범하지 않는 일이 최선이다. (잘못에는 자기 자신에게 한 것도 많다. 예를 들면,

게으름이다.)

나의 잘못을 보상하는 또 하나의 방법은 제3자에게 선을 행하는 일이다. 실제로 완벽한 보상은 거의 불가능하므로 선행을 행하고 덕을 베풀고 덕을 쌓는 일이(비록 간접 보상이기는 하지만) 좋은 대안이다. 간접 보상의 또 다른 방식은 나에게 잘못한 사람을 용서하는 일이다.

제대로 반성했다면 자신을 용서하여야 한다. 자신의 용서는 잘못을 반복하지 않겠다고 다짐을 포함한다. 심한 잘못은 안 해야 되겠지만, 보통의 잘못을 너무 심하게 자책해서는 안 좋다. 잘못은 인생의 일부이다. 잘못을 개선하는 일에 최선을 다해야 한다.

잘못은 부작위를 포함한다. 즉 해야 할 일, 하면 좋은 일을 못하는 것도 잘못이다. 부작위가 큰 잘못일 경우도 많다. 인생을 완벽하게 살 수가 없다. 일단은 스스로를 이해하고 용서하고 넘어가야 한다. 다음부터 더 잘하면 된다.

문제가 발견되면 제8부 인생 문제에 대응이 도움이 될 것이다.

일부 잘못이 있는 경우보다 심각한 상황은 인생이 뭔가 꼬인다는 느낌이 들 때이다. 이때에는 "어려우면 기본으로 돌아가라."는 말을 상기할 필요가 있다. 기본부터 잘못이 없는가 또는 근본적인 잘못이 있는 것이 아닌가 검토하여야 한다. 잘못이 습관화하여 내가 인지하지 못하고 있지는 않은지 세심하게 점검하여야 한다. 이런 경우에는 자신 혼자서는 잘 알아채지 못하는 경우가 많으므로, 훌륭한 사람의 상황 검토나 대응책에 대한 충고가 필요할 수도 있다. 그래서 스승이나 멘토, 좋은 친구가 필요하다. 공부와 연구가 필요하다.

내 잘못이 없는데도 억울하게 나에게 피해가 오는 경우도 있다. 이럴 경우에도 과연 내 잘못이 없는지 조심스럽게 검토하고, 너그럽게 대응할 필요가 있다. 제6부 인생의 문제 (불행)이 도움이 될 것이다.

실패를 두려워하지 말아야 한다. 실패를 두려워 말고, 단지, 남에게 피해를 주지 않도록 주의하고 경계하여야 한다. "실패는 성공의 어머니다."라고 하지 않는가? 또는 "실패는 자산이다."라고 한다. "인생의 최고 스승은 실연, 가난, 실패다."라는 말도 있다.

실패나 잘못은 큰 문제가 아니다. 인생의 실패만 아니면 된다.

# 3. 자신의 삶을 산다(나다운 삶)

지금까지 이 책을 읽어 온 독자들은 많은 실망을 했을지 모르겠다. 뻔히 아는 인생의 어려움이 수없이 반복되어 언급되고, 죽을 때까지 공부하고 노력해야 한다니, 인생은 역시나 피곤한 것이로구나 느꼈을 수도 있겠다. 그렇다면 이는 독자의 잘못이거나 필자의 잘못이다. 왜냐하면 필자는 인생의 어려움만큼 아니 그 이상 인생에 즐거움이 있다고 생각하고 믿어 이 책을 쓰기 시작했기 때문이다. 이 책의 제목 "인생은 플러스(+)다"가 그것을 말한다. 또 곳곳에서 긍정적이고 희망을 보여주는 인생을 피력했다. 예를 들면, 제1부 인생의 본질에서 인간은 3가지 귀중한 본능을 가지고 태어남을 설명했고, 제2부 나는 누구인가? 에서 우리는 존귀하게 태어났음을 강조했다. 제3부 사회에서는 사회가 협력의 원리(사랑의 원리)에 기초함을 설명했다. 제4부 자연에서 자연의 많은 혜택을 나열했다. 제6부 불행에서 인생에 고통이 많지만 그 해결 방안을 제시했으며, 제7부 행복에서 불행보다 많은 행복의 기회를 설명하고 결론적으로 "인생은 플러스(+)다."를 비교적 자세히 풀이했다. 이 책의 결론 부분인 제9부 인생의 길의 마지막 부분에 "자신의 삶을 산다."에서 인생의 희망과 인생이 그렇게 어렵지 않음을 강조하며 끝을 맺으려 한다.

앞에서도 한 번 언급했듯이 인생의 답은 좁은 외길이 아니다. 인생의 길은 넓고 다양한 선택이 가능한 여유롭고 너그러운 길이다. 일시적으로 외길인 정답의 길이 있을 수는 있다. 가장 최단 거리로 가장 효율적으로 인생을 살아내야 하는 경우가 있을 수는 있다. 그러나 삶의 길에서 실수 하나도 없는 완벽한 생활을 할 수는 없다. 잘못된 길만 계속 선택하지 않는다면, 한번 잘못하더라도 곧바로 좋은 길은 선택한다면, 잘못 들어선 길도 멋진 추억이 될 수 있다. 상당한 고생이 있었던 다소 험난한 과거였지만, 바로 멋지고 아름다운 인생의 길을 쉽게 찾았을 것이다. 우리의 마음과 생각을 조금만 다르게 타이른다면 말이다. 인생은 아름답고 값지고 멋지다. 잘못이 없는 삶이 바른 삶이 아니다. 진정한 바른 삶은 나다운 삶이다.

## 1) 나다운 삶을 살아야 하는 이유

### (1) 나는 세상에 하나뿐이다

세상에 같은 사람은 없다. 제2부 나는 누구인가? 2. 현재의 나에서 개인 정보 항목을 나열해 보았지만, 그 많은 정보 항목에 같은 내용을 가진 사람이 없는 것이 당연하다. 신체 특성, 가정 환경, 학력/경력, 성격, 능력, 특기, 사고방식 등 사실 두 항목만 같은 사람도 없을 것이다. 설혹 일란성 쌍둥이라도 자라면서 다른 환경에 처하게 되어 개인의 특성은 변하게 된다. 또 다른 환경에 처하므로 대응도 다를 수밖에 없다.

나는 세상에 하나뿐인 특이한 존재다. 따라서 내가 살아가는 방식도 다른 사람과 다를 수밖에 없다. 다른 사람에게 최선의 방식이 나에게는 맞지 않고, 또 나의 최선은 남에게는 최선이 아닐 수 있다. 결국 나는 싫든 좋든 나의 길을 가야 한다. 이왕 나의 길을 가야 한다면, 강하게 적극적으로 가야 한다.

## (2) 인생의 5대 주제에서 보는 나

### 일

머리가 좋은 나라면, 나에게 잘 어울리는 일은 무엇일까?

손재주가 있는 나라면, 나에게 어울리는 직업은 무엇일까?

덕이 있고 인복이 있으면, 해볼 만한 일이 많을 것이다.

친화력이 있으니 많은 사람이 도울 것이고 역시 성공의 확률이 높다.

배짱이 있고 두려움이 없다면 도전해 볼 만한 일이 있을 것이다.

부지런하고 도전 정신이 있으면, 무엇을 해도 성공의 가능성은 높다.

별 재주는 없지만 책임감이 강하고, 꾸준한 추진력이 있는 나에게 맞는 일은?

호기심만 가지고도 무언가는 추진할 테니 일복이 있다.

정의롭기만 해도, 검소하기만 해도, 근면 성실하기만 해도 할 일은 많다.

### 건강

완벽한 건강의 소유자는 없으니, 오장(심장/폐/간/신장/비장), 육부(위/대장/소장/방광/쓸개/삼초), 뇌/신경계/혈관계/호흡기계/골계/근육계/생식계, 눈/귀/구강/코/피부 등에서 일부가 약하거나 기능이 떨어질 수 있다. 자신의 강한 부분, 약한 부분을 잘 알아서 평소에 또 항상 대처해야 한다.

### 사람(인연, 인간관계)

인간관계에서도 나의 특징, 강점/약점이 있으므로 그것들을 파악하여야 나다운 나의 삶을 성공적으로 이끌 것이다.

## 2) 나다운 삶의 길

"나다운 삶"은 어떤 것인가? 4가지로 설명하고자 한다.
① 정의로운 또는 바른 생활을 지향한다.
② 남과 비교하지 않고, 남을 너무 의식하지 않는다.
③ 나에 맞는 생활을 하며, 오늘을 즐긴다.
④ 실패를 두려워하지 않고, 자신 있게 산다.

### (1) 정의로운 또는 바른 생활을 지향한다

나다운 삶은 아무렇게나 내 멋대로 사는 게 아니다. 적어도 정의로운 바른 생활을 지향해야 한다. 적어도 남에게 피해를 주지 않도록 배려하고 살아야 한다. 그래도 실수하여 남에게 피해를 주면 보상하도록 노력해야 한다.

자연계, 사회, 남을 배려하고 사랑하며 살았다면 훌륭한 삶이다. 나만을 위한 삶인 것 같아도 남에게 도움이 된다. 예로 정상적인 장사는 판매자도 구매자도 이익을 보는 거래다. 나쁜 의도만 없다면, 우리의 보통의 삶은 훌륭한 삶이다. "남이 알아주지 않더라도 화를 내지 않는다면 또한 군자가 아니겠는가?" 공자가 한 이 말은 조용히 정의로운 생활을 하라는 가르침이다. "우러러 하늘에 부끄럽지 않고 굽어보아 사람들에게 부끄럽지 않은 것이 두 번째 즐거움이다." 맹자가 한 이 말도 바른 생활을 강조한 것이다.

## (2) 남을 너무 의식하지 않는다

다른 사람은 나를 정확하게 모르는 경우가 많다. 이솝 이야기가 이 면을 잘 풍자하고 있다.

「아버지와 아들이 당나귀를 팔기 위해 시장으로 끌고 가고 있었다. 사람들이 소곤거리는 소리가 들렸다. "멍청한 사람들이네. 당나귀에 타고 가지 않고 끌고 가네." 그러자 아버지는 아들을 당나귀에 태우고 갔다. 이번엔 노인들이 말하는 소리가 들렸다. "젊은 애가 불효하군! 아버지는 힘들게 걷고 있는데 아들이 편하게 타고 가다니." 그러자 아버지가 당나귀에 올라타고 아들을 걷게 했다. 이번엔 부인들이 말하는 소리가 들렸다. "어린아이를 걷게 하고 매정한 아비지는 편하게 타고 가네." 이 말을 들은 아버지와 아들은 함께 당나귀에 탔다. 얼마 후 이번엔 젊은 사람들이 말하는 소리가 들렸다. "조그만 당나귀 한 마리에 두 사람씩이나 탔네. 당나귀가 오래 못 갈 것 같네." 이를 듣고 아버지와 아들은 당나귀의 다리를 묶어서 기다란 막대기에 끼워 함께 짊어지고 갔다. 시장 입구에 다다르자 많은 사람들이 이 진귀한 구경거리에 떠들며 비웃었다. "병든 당나귀를 살 사람이 있겠나?"」

나를 그저 겉보기로 평가하는 사람들이 많다. 거기에 휘둘려서는 안 된다. 남들은 의외로 나를 잘 모른다. 내 생각보다는 나를 자세하게 관찰하지 않는다. (간혹 세밀하게 관찰하는 사람도 있다. 그 사람은 나에게 관심이 많은 사람이다.) 대부분의 사람들은 나를 대충 보고 평가하기도 하고, 때로는 평가하기를 즐긴다. 세상에는 잘못된 정보, 거짓 정보도 많다. 거기에 오도되어서는 안 된다.

남과 비교를 하지 말라. 비교를 하려면 제대로 해야 한다. "남의 떡이 커 보인다."는 말이 있다. "부러워하면 지는 거다."라는 말도 있다. 비교하는 일이 쉽지 않다. 비교하여 평가하는 일은 더욱 어렵다.

제1부 인생의 본질에서 인간의 제2 본능인 비교 욕망의 본능을 언급했다. 이 본능은 인간과 다른 동물을 비교해 볼 때 인간의 특출한 능력이다. 그러함에도 이 본능 때문에 인간은 다른 동물보다 불행을 느낀다. 이 본능은 인간 생활을 더 윤택하고 행복하게 만드는 데에 쓰여야 하는데 그렇지 못한 데에는 두 가지 원인이 있다. 첫째는 욕망이 지나치는 과욕/탐욕이고, 둘째는 남과의 잘못된 비교이다.

### (3) 오늘을 즐겨라(Carpe Diem)

앞에서는(인생의 5대 주제-죽음) 조금 다른 의미로 인용되었지만, "Carpe Diem."은 라틴어로 오늘을 즐기라는 뜻이다. 오늘 즐길 것을 내일 즐기면 그것은 추억을 즐기는 것이고 추억은 현재의 즐거움만 못하다. 오늘 즐기고 내일 또 즐겨도 좋지 않겠는가? 아니다. 내일은 보장이 없는 미래다. 제1부 인생의 본질 3. 진리의 인생에서 언급한 바 있지만 장자는 무위 즉 자연스러운 삶을 권하면서 소요유(逍遙遊: 소풍 가듯, 놀듯, 유람하듯)를 강조했다. 인생에서 취미는 중요하다. 오래 유지하는 친구 관계는 취미가 같은 친구다. 많은 돈이 필요하지 않은 취미를 한두 가지 갖는 것은 유익하다고 할 수 있다. (물론 너무 취미에 몰입하여 시간과 돈과 노력을 낭비하는 일이 없도록 주의하여야 한다.)

최근에 유행하는 졸혼(卒婚)이라는 말이 있다. 결혼을 졸업한(마친) 그렇지만 이혼한 상태는 아닌 부부 관계를 말하는 것 같다. 부부간에 이견이 많아 별로 행복하지 않은 상태일 것이다. 그렇지만 그것을 졸혼이라고 표현할 필요가 있을까? 그냥 부부간에 이견이 많고 때로는 언쟁도 한다고 생각하면 되지 않을까? 확실하지 않으면, 좋게 유리하게 해석해야 하는 것이다. 불행한 사람은 좋은 일에도 불평을 한다. 조금 안 좋은 일도 감사하면 행복을 느낄 수 있다.

오늘을 기뻐하고 웃고 즐기는 일을 습관화 생활화하여야 한다. 다르게 설명하면, 기쁨이나 즐거움이 오기를 기다리지 말고, 적극적으로 기뻐하고, 웃고, 즐길 소재를 찾아내야 한다는 것이다. 특히 부록 4 감동을 참고하라.


(4) 자신 있게 살자

우리는 어느 정도 운명(초기 조건)을 가지고 태어난다. 나의 미래는 현재의 상황이 초기 조건이 된다. 즉 어쩔 수 없는 제약 조건이(운명이) 있는 셈이다. 어쩔 수 없다면 받아들여야 한다. 피할 수 없다면 즐기라는 말이 있다. Amor Fati.는 라틴어로 운명을 사랑하라는 말이다.

나는 존귀하다. (다른 사람도 존귀하다.) 그러므로 나는 해낼 수 있다. 나는 나의 길에 만족한다. 나의 길이 옳으니까. 나는 꿋꿋이 나의 길은 간다. 나는 남과 다르니까. (다른 사람에게 피해를 주지만 않는다면) 자신을 제대로 알고 용서하고 열심히 살면 된다. 지나친 자신감도 문제이지만, 너무 오래 자신감을 잃거나 죄의식에 사로잡혀 있는 것은 나에게도 남에게도 도움이 되지 않는다. 자신을 용서하는 일은 자신을 발전시키는 계기이고 시작이다. 이솝 이야기를 들어 본다. 「토끼가 겁이 많고 약한 자신을 한탄하며 자살하러 냇가에 갔다. 그런데 개구리들이 놀라서 뛰어 도망을 간다. 자신들보다 더 겁이 많은 동물도 있음을 알고 돌아와 용기 내어 자

인생은 플러스(+)다

신 있고 행복하게 살았다.」 열 가지 재주를 가진 사람이 한 가지 재주를 가진 사람을 이기지 못한다. 재산이 많은 사람이 반드시 더 행복한 것이 아니다. 있을 만큼만 있으면 된다. 고래 사냥이 오징어잡이보다 훌륭한 일이 아니다. 고전 음악이 팝송보다 훌륭한 것인가?

때때로 과감할 정도의 용기를 낼 필요가 있다. 왜냐하면 우리는 생각보다 강하고, 질기며, 주위는 이웃은 생각보다 호의적이고 도움을 준다.

황제라 하더라도 나보다 더 행복하다고 할 수 없다. 겉보기에 나보다 더 성공한 사람이 나보다 더 고민과 걱정이 많고 불행한 경우가 허다하다.

다시 한번 인용한다. "잘 모르면 내게 유리하게 생각하라." 긍정적으로 생각하자. (제7부 인생의 즐거움 (행복) 3. 인생은 플러스(+)다 참조)

자신 있게 자신의 삶을 살기 위해, 끊임없는 자기 성찰이 필요하다. 잘못된 길을 가고 있는 것은 아닌지 가끔 생각해 보아야 한다. 타인의 반응을 보기도 하고 타인의 조언을 들을 필요도 있다. 아무튼 자신 있게 힘차게 내 삶을 사는 일이 어렵지 않고 옳은 인생의 길이다.

**말미에**

# 더하고 싶은 이야기

나는 철학자도 아니고 문장가도 아니다. 그래서 그런지 내가 본 철학책은 한결같이 어려웠고, 인생에 도움이 되는 단편적인 이야기나 교훈은 많지만, 무언가 인생 전체를 꿰뚫는 정답 같은 것이 아쉽다고 느꼈다. 나무보다는 숲을 보여주는 책을 만들고 싶었다. 어차피 완벽한 것은 없다는 다소 무식한 생각이 나에게 용기를 주었다. 그래서 우선 인생 전체를 아우를 수 있는 제목과 부문을 구상하였다. 내 무지의 소치로 어려운 글이 써지지는 않을 것이고 덕분에 누구나 쉽게 이해되는 평범한 글이 될 것이라고 안심하고 시작하였다. 하지만 막상 시작하고는 도처에서 나의 한계를 느꼈고, 어려움을 느꼈고, 좌절하였다. 그래도 글을 힘겹게 마칠 수 있었던 힘의 원천은 다음 두 가지였다.

첫째, 〈부록 1〉 우주의 생성과 종교란 소제목에서 기술하였듯이, 이 세상에는 물질이나 에너지가 아닌 그 무엇 즉 영(靈, Spirit)이 있다는 것이 나의 확신이며 논리적 수학적 증명이다. 이 논리적 수학적 유도는 거의 나의 창의적이며 독창적 발견이라고 생각한다. 또 종교계나 과학계의 발전에도 크게 도움을 줄 수 있다고 생각한다.

인생은 플러스(+)다

둘째, 〈부록 4〉 감동은 비록 내 창의적 발견은 아니지만, 일부 내용은 중요할뿐더러 독창적이라고까지 말할 수 있다고 생각한다. 즉, 감동을 생활화할 수도 있고 또 그러면 인생에 크게 도움이 된다는 내용과 깨달을수록 감동할 수 있는 소재가 다양하고 무수히 많다는 사실과 감동은 영(靈, Spirit)과 관련이 있다는 내 소신은 상당히 창의적이고 독창적이지 않을까 조심스럽게 생각해 본다.

위 두 내용이 조금은 창의적이고 독창적이지만, 내용의 완벽성에는 부족함이 많다. 영을 다른 이름으로 부르면 신이 될 수도 있고 4차원에 해당하므로, 영의 개념은 종교와 대치되지 않는다. 오히려 종교계에 보탬이 된다고 생각한다. 나에게 기회가 주어진다면, 수학적으로 증명한 영의 존재를 인간이 이해할 수 있는 현실적 증거를 통해서 확실히 보여 주는 글을 쓰고 싶다. (예를 들면, 영의 존재는 환상, 환시, 계시, 예언 등을 통해 설명된다.) 하지만 내 부족한 능력을 보아서는, 훌륭한 많은 후학들이 실질적인 증명을 연구하고 보여주었으면 한다. 또 훌륭한 후학들이 영과 인간의 관계, 영과 인간의 상호 영향 등을 연구해 주기를 바란다. 영의 개념은 과학계에서도 긍정적이고 혁신적인 영향을 줄 수 있다. 즉 중력과 영의 관계나 전자파와 영의 관계 등이다. 당연히 영은 양자나 쿼크와 정밀하게 연관이 될 것이다. 역시 많은 후학들이 더 연구하여 주었으면 한다.

이 책을 시작하면서 나는 나름대로 큰 포부를 가지고, 또 후학에게 좋은 교육이 되고 지침이 될 내용을 담고자 하였다. 그러나 결과는 역시 대부분의 내용이 진부하거나 그렇고 그런 것이 되지 않았나 걱정이 된다. 다만 제6부 인생의 즐거움 (행복) 2. 행복의 발견/안정/확대 (2) 기뻐하라, 즐거워하라에서 '감동'은 참신한 내용이라고 생각하였다. 감동은 참신한 내용일 뿐 아니라, 내가 생활하면서 발견하고 느끼고 경험한 가장 중요한 가치 중의 하나라고 생각했다. 어쩌면 중요할뿐더러 실용적이기도 하다고 생각한다. (왜냐하면, 감동은 건강에 큰 도움을 주기 때문이다.) 그래서 좀 더 상세하게 서술하고 강조하고 싶었지만, 너무 상세히 서술하면 책 전체의 균형이 문제 되고, 적당히 간략히 서술하면 중요한 내용을 어설프게 넘어갈 것 같아 부록에서 간략히 서술했다. 역시 나에게 기회가 주어진다면, 감동에 대해 중요성과 실용성을 강조하고, 좋은 예를 많이 보여 주는 훌륭한 글을 쓰고 싶다.

앞에서 몇 가지 핑계를 들었지만, 세상의 모든 것이 시간이 흐름에 따라 변하는 것이 자연의 법칙이고 진리이며, 또 그 변화는 이 책의 내용에 잘못이나 부족한 내용을 다소 감쌀 것이라고 자위해 본다. 이 책의 내용이 독자들에게 조금이라도 도움이 되었으면 바라고, 후학들이 이 책의 내용을 더욱 보완하고 발전시켜 주기를 바랄 뿐이다.

인생은 플러스(+)다

## 1) 우주의 생성 이론과 영

(1) 우주의 생성 과정은 다음 3가지 중의 하나일 수밖에 없다

① 태초에 무엇인가(신)가 있어, $U_o$(우주의 초기 상태)를 창조했다.

$$God(신) \rightarrow U_o \rightarrow U_p$$

② 애초부터 $U_o$(우주의 초기 상태)가 있었다.

$$U_o \rightarrow U_p(현재의 우주)$$

③ 처음에는 아무것도 없었으나(null), $U_o$가 만들어졌다.

$$0 \rightarrow U_o \rightarrow U_p$$

사실 ①은 역사가 오래된 종교적 가정이다. (그리스도교 성경의 내용과 같다.)

②는 다른 가정이다. (불교의 입장 내지는 견해일 수 있다.)

③은 과학(수학)적으로 풀어보기 위한 수학적 가정이다.

중요한 점은 위 ① ② ③ 외에 다른 가정은 생각할 수 없다는 사실이다. (우주 밖에 한 단계 높은 차원 있다는 가정은 ①이나 ②와 같다. 우주는 달걀의 안쪽이고, 달걀 밖의 세계가 있다는 가정 같은 것을 말한다.)

(2) 가정의 도입

앞의 가정에서 ① ② ③의 3가지 중의 하나일 것이라는 가정은 맞지만,

각론에 들어가면, 모두 문제가 있다.

①은 너무 쉽게 신이라는 가정 내지 가설을 도입하여 창조 문제를 해결하려는 듯하다. (즉, 반론자는 그러면 신은 어떻게 존재하게 되었는가 하고 역공한다.)

②는 너무 쉽게, 우주의 생성 비밀 캐기를 포기하는 것 같다.

③은 "무에서 유가 나올 수 없다."는 인간적 기존 관념이 있어, 받아들이기가 힘들다. 그러나 인간이 대자연에 의해 만들어진 피조물이라는 사실을 인정하면, 인간이 모르는 것이 많다는 사실을 쉽게 받아들일 수가 있다. 즉, 무에서 유도 나올 수 있다고 생각할 수 있다. 특히 수학에서는 당연히 가능하다.

그래서 한 가지 가정을 도입해 보자. 즉, 현재 이 우주에는 $U_p$만 있는 것이 아닐 수 있다고 의심해 보는 것이다. 우리가 아는 $U_p$는 물질과 에너지로 대변되지만, 물질과 에너지 이외에도 무엇인가 있다고 가정해 보는 것이다. 그리고 그것을 X라고 하자. 이 가정은 상당히 합리적이고 과학적이다. (실제로 많은 과학자들이 암흑물질-dark matter 또는 black matter 등을 찾고 있다.)

그러면, 애초의 우주 생성의 과정은 다음 3가지 중의 하나라고 고쳐 표현할 수 있다.

① 태초에 신이 있어, $U_o$ + X(우주의 초기 상태)를 만들었다.

$$G \rightarrow U_o + X \rightarrow U_p + X$$

② 애초부터 $U_o$ + X(우주의 초기 상태)가 있었다.

$$U_o + X \rightarrow U_p + X$$

③ 처음에는 아무것도 없었으나(zero or null), $U_o + X$가 있게 되었다.

$$0 \rightarrow U_o + X \rightarrow U_p + X$$


③을 수학적으로 표현하면, $0 = U_p + X$

이 식을 X 중심으로 표현하면 $X = 0 - U_p = -U_p$

즉, 이 세상에는 우리가 모르는 무엇(X)이 있고, 그 무엇이 $-U_p$인 것이다.

$-U_p$는 물질이나 에너지가 아니므로(우리가 현재까지 알거나 인식하지 못한 것이므로) 이것을 기존의 관념을 이용하여 영(靈: spirit)이라고 이름을 붙일 수가 있다. 즉, 이 세상은 우리가 알고 있는 물질과 에너지($U_p$)와 영(靈)이 있다는 것을 ③의 가정에서 (수학적으로) 유추해 낸 것이다.


### (3) 합리적 결론

②의 가정에 ③의 가정에서 유추해 낸 영(靈)을 대입하면, 현재의 세상은 물질과 에너지와 영으로 이루어졌다는 논리가 성립한다.

①의 가정에도 ②의 가정에서 유추해 낸 X = S(영, 靈)를 대입하면,

$G = U_p + S$, 즉 신은 우주(물질과 에너지)와 영을 함께 일컫는 개념이 된다.


결론적으로, 이 세상에는 우리가 모르는 무엇이 있고, 물질이나 에너지가 아닌 그 무엇인 **영(靈)**이 있다. 사실 그리스도교에서는 이 영을 신, 창조주 또는 성령이라고 부른다고 생각하면 된다.


※ 영의 존재를 밝힘으로써, 창조의 과정을 밝히지는 못했어도, 우주 창

조의 원리는 밝혀진 셈이다.

그렇다면, 영의 정의와 발견이 인류 사회의 발전에 지대한 공헌이 있을 것이다. (향후 많은 연구와 그에 따른 사회 발전과 공헌이 기대된다.)

※ 물질이 아닌데 존재한다고 하는 이유

그림자(shadow)나 수학의 허수(imaginary number)는 물질이 아닌데 존재한다고 한다. 그 이유는 우리가 느낄 수 있고 또 그 영향 내지는 효과를 보기 때문이다. 수학에서 허수를 정의하고 발견함으로써 수의 체계가 완성되고, 수학, 전기 및 다른 공학의 발전에 허수가 지대한 공헌을 하였음은 확실하다.

※ 영의 물리적 단위

영 = $-U_p$ = -(물질+에너지) → 〈아인슈타인의 상대성 이론〉

  → -(에너지)

영 = -(에너지) = $-mC^2$ = $[-kg.m^2/s^2]$ : 국제표준협회 MKS

  단위

영 = $[-kg.m^2/s^2]$ = $[kg.(-m^2/s^2)]$ = $[kg.(i^2m^2/s^2)]$ =

  $[kg.(im/s)^2]$

  (여기서 i는 수학의 허수를 의미)

※ 영의 존재를 (수학 외적 방법으로) 증명하는 예

- 환상, 환시, 예언, 계시, 꿈

- 마음의 작용, 정신력의 작용, 텔레파시 등

- 영의 과학적 역할(가정)

① 전자파 전달 매개 역할

② 중력장 역할

\* 물질이나 에너지처럼 인간의 감각으로 느낄 수 있는 것이 아닌, 인간
의 감각으로 느낄 수 없는 것을 '존재한다'고 증명할 수 있는 방법은 그
것의 효과나 영향력을 증거하는 일뿐이다.

\* 그림자는 '존재한다'고 할 것인가? 그림자는 물질이나 에너지가 아니
므로 존재하는 것이 아니라고 할 것인가? 그림자는 물질이나 에너지
는 아니지만 인간이 느끼고(보고) 그 효과나 영향력이 있으므로 '존재
한다'고 하여야 한다.

\* 영의 존재를 수학 외적 방법으로 증명하려면, 인간이 (제6감으로) 느
끼거나, 영의 효과나 영향력을 증명하여야 한다.

## 2) 과학과 종교의 경계

**"우주의 생성 이론과 영"**에서 **영(靈)**이 존재함을 수학적으로 유도하였
다. 이 영을 물질에 대응하는 존재로 인식하면 과학이고, 이 영을 신과 동
격시하여 신으로 믿으면 종교라고 할 수 있다.

우리는 간단히 영(靈: Spirit)이라고 정의했지만, 실은 우리가 아는 온 우
주에 (물질과 에너지) 대응하는 어마어마한 개념인 것이다. 그리고 단순
히 영이라고 부르는 것과 신이라고 믿는 것과는 상당한 차이가 있다.

(이 차이가 과학과 종교의 차이이며 경계가 된다.)

종교는 부싯돌에 비유된다.

부싯돌에 일반 돌을 강하게 마찰시키면, 빛과 열이 발생한다.

이 빛과 열을 이용하여 불을 만들 수 있다.

즉, 부싯돌과 일반 돌을 효율적으로 활용하면, 부싯돌은 빛과 열을 만드는 물질이다. 그렇지만 부싯돌을 활용하지 않으면 일반 돌과 다름이 없다.

영(靈)을 우리의 마음(心)과 믿음으로 연결하면 영은 창조자며, 세상의 조정자며, 인류의 구원자가 될 수 있다.

우주 대자연과 영 자체는 인간 없이는 자연일 뿐이지만 인간의 믿음이 연결되면 살아 있는 신이 된다. 그리고 인간의 믿음이 기적을 만들 수 있고 도움이 된다. (이것이 종교의 믿음이고 종교다.)


종교는 렌즈에 비유된다.

볼록 렌즈는 햇빛을 모아 불을 만들 수 있다.

영을 활용하면 큰 힘을 일으키고 큰일을 해낼 수도 있을 것이다.


종교는 거울에 비유된다.

내 마음속의 거울은 영을 반사한다. 내 마음속의 거울이 맑으면 나는 신을 내 안에 모시고 사는 것이며, 마음속의 거울이 흐리거나 깨끗하지 않거나 찌그러졌으면, 나는 악령의 생을 살고 있는 것이다. (이것이 대부분 종교의 입장이고 해석이다.)

## 3) 종교의 득(得)과 실(失)

### (1) 종교의 문제점

- 종교 생활이 시간적 부담을 줌.
- 각종 봉헌금은 경제적 정신적 부담을 줌. (봉헌금은 종교 단체의 유지에 필요함)
- 종교를 알고 이해하고 믿기에 어렵고 시간이 걸림.
- 종교의 좋은 점을 터득하거나 깨달음의 경지에 도달한다는 보장이 없음.
- 종교 내부 사회에 불평등, 부조화, 위화감, 부조리, 불만이 있음.
- 종교의 간섭(원하지 않는)을 받을 수 있음.
- 종교 교리는 과학적으로 증명하기 어렵고, 종교 교리에서 비과학, 비현실을 느낌.
- 잘못된 종교가 있고, 종교 단체의 잘못된 군중 심리에 영향을 받을 수 있음.
- 타 종교 간에 갈등이 있음.

### (2) 종교의 이로운 점(좋은 종교 기준)

- 위로와 위안을 받음. (특히, 어렵고 외로울 때)
- 행복을 느끼게 함. (괴로움을 이기게 함)
- 마음의 안정을 얻음. (마음의 흔들림이 없이 굳건함을 얻음)
- 악을 멀리하고 악순환을 차단함. (악을 물리침)
- 멘토가 되어 줌. (문제 해결 방안 제시 및 미래 진로의 방향 등)

- 좋은 사회의 일원이 됨. (좋은 동료/친구를 얻을 수 있음)

- 좋은 사회 달성에 도움이 됨.

- 진리를 가르치고 배우고 생각하고 깨닫게 함.

- 선의 기준을 알려 주고 가르치고 선을 행하게 함.

- 아름다움(미)을 보여 주고 가르치고 미를 느끼고 즐기게 함.

- 많은 좋은 것을 가르치고 장려하고 얻게 함. (바른 생활, 배려, 지혜, 지식, 용서, 사랑, 협력, 용기, 희생, 근면, 감사, 겸손, 희망, 봉사, 은혜, 은총 등)

- 능력을 증진하도록 가르침. (지력, 체력, 경제력, 창의력, 판단력 등)

- 죽음의 두려움을 완화하거나 극복하게 함.

- 구원/영생/천국/극락에 이르게 함. (그렇게 믿게 함)

- 죽을 때까지 목표가 있음. (희망이 있음)

- 영의 도움을 받을 수 있도록 이끎. (예: 그리스도교의 성령)

- 마음이 흔들리고, 주위의 유혹이 있고, 판단이 어려울 때에, 종교가 흔들리지 않고 매달릴 수 있는 기둥이 되어 줄 수 있음.

인생은 플러스(+)다

### 십율 십계(十律 十戒)

바른 생활에 많은 도움을 주고 자주 인용되는 명구를 간략히 "해야 할 일" 십율과 "하지 않아야 할 일" 십계로 정리해 본다.

### 십율(十律)

① 겸손하라.

② 열심히 생활하라.

③ 공부하라.

④ 감사하라.

⑤ 이웃을 사랑하라.

⑥ 진리를 추구하라.

⑦ 기뻐하라.

⑧ 기도하라.

⑨ 행동하라(변화하라).

⑩ 자연과 친하라.

### 십계(十戒)

① 거짓말을 하지 말라.

② 탐욕하지 말라.

③ 나쁜 습관을 들이지 말라.

④ 화를 내지 말라.

⑤ 근심·걱정하지 말라.

⑥ 살생을 하지 말라.

⑦ 억울한 사람을 만들지 말라.

⑧ 음욕을 품지 말라.

⑨ 악을 가까이하지 말라.

⑩ 타인을 쉽게 판단하지 말라.

## 1) 십율(十律)

### (1) 겸손하라

겸손이 가장 중요한 덕목 중의 하나인 이유는 무엇인가? 겸손은 단순한 외적인 공손과는 다르다. 겸손의 의미는 넓다. 겸손은 내가 부족함을 알므로 양보하고 남을 도와주며 필요하다고 생각되면 남의 도움을 받는다. 겸손은 내가 부족함을 알므로 남들보다 열심히 공부하고, 노력하고, 일한다. 겸손은 사회의 발전을 도모하며, 자연을 대하는 참 진리다. 그러나, 참 겸손은 결코 비굴하지 않고 내적으로 자신 있게 행동한다. 참 겸손은 지혜의 원천이다.

### (2) 열심히 생활하라

인생의 기본은 소위 '먹고 사는 일'이다. 인간의 제1 본능인 '생존 본능'에 충실하는 일이 다른 것보다 대체로 우선한다. 이 면에서 인간은 동물에서 오히려 배워야 할 경우가 많다. 아마 인간은 제2 본능, 제3 본능과 혼

인생은 플러스(+)다

선을 빚을 가능성이 있는 반면, 다른 동물은 제1 본능에만 충실하기 때문일 것이다. 인간에게도 생존은 가장 급하고 제일 중요한 일이다. 항상 근면하고 오늘 지금 최선을 다하여야 한다. 건강에 좋은 일과 생활에 좋은 일을 습관화하여야 한다.

### (3) 공부하라

인생의 3요소인 인간, 사회 자연, 인생의 5대 주제인 일, 건강, 사회관계, 꿈, 죽음만 해도 알아야 할 것들이 많다. 게다가 이들은 수시로 항상 변한다. 이들이 항상 인생의 마지막까지도 공부하여야 할 내용이고 이유이다. 인생 내내 공부하려면 공부에 재미를 붙이고, 공부를 습관화하여야 한다. 내가 잘하는 분야를 개발하고 특화하고 집중하면서, 유용한 분야에 대한 관심과 호기심을 가지고, 생각하고, 연구하라. 내가 좋아하는 일과 직접적인 관계가 아니라도 간접적으로 연관이 있다는 사실을 인지하면, 다른 분야에도 관심과 호기심과 재미를 느낄 수 있다. 예를 들면, 운동선수도 수학에 재미를 붙일 수 있다. 불교에서는 3독이라 하여 탐욕, 성냄, 어리석음을 들고 어리석음을 경계하였다.

### (4) 감사하라

좋은 일, 만족한 일에 감사하는 것은 당연하지만, 때때로 감사하기를 잊는다. 어떠한 일, 현상, 대상에 감사하면 행복을 확실히 느끼게 된다. 행복의 횟수, 행복의 시간을 늘리려면, 감사하라. 덜 좋은 일, 덜 만족스러운 일에도 감사하면, 행복을 느낄 수 있다. 불행한 일에도 감사할 줄 알면, 불행을 행복으로 바꿀 수 있는 현자, 깨달은 사람이 될 수 있다. 감사는 불행을 행복으로 변화시킨다. 감사하는 일은 긍정적인 태도로 성공, 행복의 확률을 높인다. 감사하는 마음은 안정된 상태로 건강에 도움을 준다. 감사를 습관화하라. 항상 감사하라.

### (5) 이웃을 사랑하라

사랑은 구약의 십계명을 신약에서 하나로 대체하는 큰 계명이다. 사랑은 배려이고 베풂이며 용서다. 사랑의 상대는 이웃만이 아니다. 자연도 사랑의 대상이고, 나 자신을 먼저 사랑하여야 한다. 심지어는 원수도 사랑하라고 가르친다. 사실 이웃 사랑은 나에게 돌아온다. 이웃과 함께 평화로워야 진정한 나의 행복이 있다. 나는 조건 없이 이웃을 도와주고, 누군가는 이유 없이 나를 돕는다(사랑의 원리). 직업도 알고 보면 이웃을 사랑하는 일이다. (내가 좋아하는 일을 하는 것은 취미이고, 남이 좋아하는 일을 하는 것이 직업이다.) 사회의 기본 원리인 협력의 원리도 결국 사랑이다. 항상 이웃을 위해서, 무엇을 할 것인가 생각하라.

### (6) 진리를 추구하라

진리는 변함없이 옳은 것을 말한다. 자유, 평화, 사랑, 겸손, 선(善)함, 아름다움(美)이 대표적이다. 완벽한 진리도 없겠지만, 진리를 추구하는 일도 어렵다. 그렇지만 인간이 동물과 다르다는 면에서 또 신성 본능에 의해서, 사람은 진리를 추구하여야 하고 추구하게 되어 있다. 진리를 터득하기만 해도 기쁨과 감명을 받을 수 있다. 진리를 추구함은 나의 행복이고 인류 및 자연에 대한 사랑이다. 진리를 행하면 평안이 따른다. 진리의 추구는 거창하지 않은 것도 많다. 남에게 피해를 끼치지만 않는다면,

그림 그리기, 만들기, 음악감상, 운동 등 좋은 취미가 모두 진리 추구다. 왜냐하면 이들이 모두 아름다움을 추구하는 것이기 때문이다.

## (7) 기뻐하라

내가 밝으면 주위를 밝게 한다. 마음이 맑고 밝고 기쁘면 건강에 좋다. 자주 감동을 받고, 감격하며, 때로는 감격으로 울어라. 감동하면 건강에 크게 도움이 된다. 특히 스트레스로 인한 병은 기쁨과 감동으로 깨끗이 치료된다.

기뻐할 일은 많다. 남이 즐거워하면 기쁘다. 진리를 행해도 기쁘다. 정의를 행하면 기쁘다. 의를 행하고 합당한 대우를 못 받아도 기쁘다. 하늘에 우러러 부끄럽지 않으면 즐겁다. 후학에 가르침을 줄 수 있다면 즐겁다. 배우고 그것을 익히면 즐겁다. 좋은 사람들과 어울리면 즐겁다. 열심히 살면 즐겁다.

기뻐함을 미루지 말라. 우리 모두와 의인은 기뻐할 자격이 있다. "Carpe diem(오늘을 즐겨라)!"은 현재, 지금의 중요성과 기쁨, 즐거움, 감동을 강조한다.

## (8) 기도하라

기도는 나를 위해서만 하는 것이 아니다. 남을 위해서도 기도를 하여야 한다. 나를 위한 기도가 나의 행복을 위해서라면, 남을 위한 기도는 타인의 행복과 우리의 평화를 위해서이지만, 그것은 결국 나에게도 도움이 된다. 거꾸로 누군가 날 위하여 기도함을 느끼면, 우리는 위로받고 용기를 얻는다.

기도는 긍정적 생각이고, 희망이며, 또 계획이고, 목표다. 기도는 좋은 명상의 일종으로 우리의 마음을 차분히 안정시키고, 혈액 순환을 고르게 하여 건강에도 좋다. 따라서 기도를 자주 하여야 한다.

올바르고 구체적이고 꾸준한 기도는 결국 행동과 실행으로 나타나며, 마침내 기도는 이루어진다.

### (9) 행동하라(변화하라)

앞에서 언급한 8계율도 결국 행동하라는 명령이다. 심지어 기도하라는 계율도 바른 행동을 하기 위한 준비 행동이다. 행동한다는 말은 자신이 변화하고 주위를 변화시킨다는 뜻이다. 세상에서 변하지 않는 제1의 진리 '모든 것은 변한다.'에 적절히 대응하기 위해서는 나 자신이 변해야 한다.

"아무것도 하지 않으면, 아무 일도 일어나지 않는다."는 유명한 말이 있다. "청하여라, 너희에게 주실 것이다. 찾아라, 너희가 얻을 것이다. 문을 두드려라, 너희에게 열릴 것이다." 성경에 나오는 이 구절도 행동을 강조하는 말이라고 생각된다.

"사람은 생각하는 동물이다."라고 하지만, 살아 있다는 것은 움직이고 행동하는 것이다. 생각은 바른 행동을 위한 것이다. "무료는 불행의 한 종류다." 물론 휴식이 필요하지만, 건강하다면 움직여라. 인간은 수면이 아니면, 명상, 기도, 공부, 연구, 취미활동 등 무엇인가 움직이고 활동하도록 되어 있다.

행동은 변화를 전제로 한 것인바, 변화를 예측하고 당연히 옳고 좋은 변화를 추구하여야 한다. 진정한 용기는 행동에서 시작된다.

### (10) 자연과 친하라

자연은 인생의 세 구성 요소 즉 인간, 사회, 자연 중 하나다. 당연히 잘 알고 친해야 하는데, 때때로 잊고, 멀리하곤 한다. 인간이 필요한 모든 것을 자연에서 얻으면서도, 대자연의 위력과 영향을 무시하듯이 잊고 산다. 자연과 친하다는 의미는 '잘 안다'는 뜻과 '사랑한다'는 뜻과 '가까이 있다'는 뜻을 포함한다. 인간은 자연을 잘 알도록 노력하여야 하며, 자연을 사랑하여야 하며 가까이 있어야 한다. 개개인 또한 그래야 한다. 더 이상 강조할 필요가 없지만, 점점 더 중요해지는 대자연을 점점 더 멀리하는 경향이 있어 재차 강조한다.

현대생활에서 정신 건강은 육체적 건강보다 더 강조되곤 한다. 정신 건강에 큰 도움이 되는 일이 대자연과 가까이하는 일이다. 자연과 친하라, 대자연과 가까이하라. 대자연을 잠시라도 잊는 어리석음을 범하지 말라.

## 2) 십계(十戒)

### (1) 거짓말을 하지 말라

모세의 십계명 중 제8계명이 '거짓 증언을 하지 마라.'다. 거짓말에는 선한 거짓말이 있다. 남을 위해서 하는 거짓말을 말하는데 하얀 거짓말이라고도 한다. 이에 반해 거짓 증언은 남을 해롭게 하는 거짓말을 말한다. 거짓말은 남을 해치고 사회를 혼란하게 만든다. 서양의 어느 나라에서는 '거짓말쟁이'가 가장 심한 욕이라고 한다. 그만큼 거짓말은 특히 개인이나 사회를 해롭게 하는 거짓말은 죄악이다. 또 거짓말은 습관이 되기 쉽다. 위급한 상황에서는 순간적으로 위험을 피하려고 거짓말을 하기 쉽다. 평소에 거짓말에 대한 최고의 경계심을 가져야 한다. "정직이 최선의 방책이다."

### (2) 탐욕하지 말라

인간의 제2 본능인 욕망은 필요한 본능이다. 단지 자주 욕망이 과욕으로 넘어가곤 한다. 예를 들면, 앞의 십률 중 제2 율 '열심히 생활하라.'에서 절제하고 절약하라고 한다. 그런데 이 절제와 절약도 지나치면 과욕이고 탐욕이 된다. 소위 인색하고 탐욕스러운 사람이 된다. 칠죄종(七罪宗)은 일곱 가지 자체가 죄이며 다른 죄의 근원이 되는 죄를 이른다. 탐욕(貪慾), 분노(忿怒), 나태(懶怠), 음욕(淫慾), 교민(驕慢), 인색(吝嗇), 질투(嫉妬)를 말하는데 이 중에서 탐욕이 가장 앞에 있다. 남의 물건을 탐함, 음욕, 교만, 인색, 질투도 탐욕의 일종이기 때문이다. 남과 비교하는 일 자체가 탐욕의 시초일 수 있으므로 조심하여야 한다. 오욕(재물욕, 명예욕, 식욕, 수면욕, 색욕)을 특히 경계하라.

### (3) 나쁜 습관을 들이지 말라

"습관은 제2의 천성"이라는 말, "세상에서 제일 무서운 것이 습관이다."라는 말을 쉽게 여겨서는 안 된다. 그만큼 습관은 중요하고 때로는 치명적이다. 나쁜 습관을 끊고 좋은 습관은 만들어 제2의 천성이 되도록 하여야 한다. 그런데 좋은 습관은 만들기 힘들고, 반면에 나쁜 습관은 쉽게 시작되며 끊기가 어렵다. 그러니 나쁜 습관은 들이지 말고, 이미 습관화하기 시작되었다면 초기에 차단하여야 한다. 사실 모든 중요하고도 큰일이 사소한 습관에서 시작된다. 건강도 그렇다.

인생은 플러스(+)다

(4) 화를 내지 말라

분노는 화를 내는 본인에게나 분노의 대상인 상대, 모두에게 아주 좋지 않다. 화를 내는 본인은 흥분한 상태가 되어, 자신의 건강을 심각하게 해친다. 또 분노의 상대는 같이 분노하게 되어, 서로는 회복하기 어려운 원수 관계가 되기 쉽다. 분노의 상대 개념은 온유라고 할 수 있다. 분노의 이전 상태는 불만이라고 할 수 있는데, 불만을 느끼면 불만이 자라기 전에 상대방을 부드럽게 온유하게 상대방을 설득하거나, 안으로 삭히어 잊거나, 상대를 용서하여야 한다. 악한 상대는 내가 판결하거나 처단하지 않고, 다른 사람이 판결하고 처리하도록 하는 것이 현자의 태도이다.

"화를 내는 것은 누군가에게 던지려고 손에 불덩이를 쥐고 있는 것과 같다. 자신이 먼저 화상을 입는다." (석가모니)


(5) 근심·걱정하지 말라

근심 걱정이 유익한 경우나 과정은 다음과 같다. 곧 또는 향후에 위험한 상황이나 어려운 문제가 발생할 것이 예견되어, 미리미리 많은 준비를 하여 위험에 대처하거나 문제를 해결하는 것이다. 즉 걱정은 '미리미리 대비'를 위한 것이다. 그런데 실제는 걱정을 너무 많이 하고 대비는 소홀히 하기 쉽다. 근심 걱정할 시간에 대비를 하여야 한다. 근심 걱정은 건강에 해롭다. 특히 정신 건강에 치명적이다. 현대병의 대명사 격인 암의 주원인은 스트레스라고 한다.

또 현대인은 쓸데없는 걱정을 많이 한다고 한다. 걱정의 90%는 쓸데없거나 도움이 안 되는 것이라고 한다. 우리가 걱정하는 이상으로 미지의 사회적 자연적 도움과 혜택이 있다. 또 내재적 능력이 있다. "Don't worry. Be happy."

## (6) 살생하지 말라

특히, 정당한 이유나 목적 없이 행하는 의식적인 살생은 죄악이다. 생존을 위한 최소한의 살생은 허용이 된다는 말이다. 따라서 자살도 살생이 될 수 있다. 살생 경계는 동물만을 대상으로 하지 않는다. 식물 및 자연 파괴에도 적용하여야 한다. 자연을 보호하여 인간과 자연의 조화를 이루어야 한다. 그리고 그 일은 인간을 위함이고 위해서이다.

작은 살생이라도 습관화될 수 있으므로 경계해야 하고, 살생은 우리의 정서를 불안하게 하여 건강에도 해롭다.

## (7) 억울한 사람을 만들지 말라

"내가 원하지 않는 바를 남에게 행하지 말라(己所不欲 勿施於人, 기소불욕 물시어인)." 논어에 나오는 말이다. 속담에 "여자가 한을 품으면 오뉴월에도 서리가 내린다."는 말이 있다. 남의 원한을 사지 말라는 경고다. 특히, 나보다 약한 사람에게 억울한 일을 하지 말아야 한다. 억울한 일은 물론 남의 마음을 아프게 하는 일부터 삼가야 한다. 사랑은 사랑으로 돌아오고, 악행은 악행으로 돌아온다. 사람은 잘못을 할 수 있다. 그러나 큰 잘못은 미리 더욱 조심하여야 한다. 작은 잘못이라면 사과나 보상으로 용서받을 수 있지만 큰 잘못을 돌이킬 수 없는 경우가 있다. 이 말은 또 나 자신이 억울한 일을 당하지 않도록 노력하라는 교훈이 된다. 억울한 일을 당하지 않으려면 어느 정도 힘과 능력을 키워야 할 것이다. 이간질하지 말라. 전하지 말아야 할 말의 전달도 이간질에 속한다.

### (8) 음욕을 품지 말라

성욕, 애욕으로 표현되는 욕구는 인간의 제1 본능인 생존 본능 중에서도 식욕 다음으로 많이 거론되는 중요하고 필요한 욕구다. 사람마다 다르기는 하지만, 특히 젊은 연령, 중년 연령에서는 참기 힘든 욕구 중의 하나다. 이 욕구의 특징은 상대가, 즉 성적 상대가 있어야 한다는 것이다. 그런 만큼 이 욕구의 해소는 내 마음대로 되지 않는다. 모세의 십계명에는 관련 계명으로 제6계명 "간음하지 마라." 제9계명 "남의 아내를 탐내지 마라." 두 번 나온다. 즉, 간음하지 말아야 할 뿐 아니라 애당초 음욕을 품지 말라는 경고다. 애욕은 참기 어렵고, 상대가 있고, 죄악으로 변질될 수 있으므로 사전에 주의하여야 한다. 꾸준한 사랑으로 상대를 설득하고 필요에 따라서는 상대를 만족시킬 수 있는 능력을 키워야 한다. 적절한 애욕은 필요하고 좋은 것이지만, 애욕은 쉽게 음욕, 과도한 탐욕으로 바뀔 수 있다. 나의 과도한 음욕, 성적 탐욕은 주위를 심히 불행하게 할 수 있고, 나의 건강 및 생활에 돌이키기 힘든 지대한 해악을 끼칠 수 있다.

### (9) 악을 가까이하지 말라

선(善)은 중요한 진리 중 하나다. 선은 인생의 목적/목표 중의 하나다. 악은 선의 반대이며 죄가 되어 당연히 절대 존재하지 말아야 한다. 그런데 현실은 다르다. 많은 악이 존재한다. 여기 10계의 주제가 악이다. 그외에도 많다. 선의 항목 수보다 악의 항목 수가 많을 듯하다. 그 많은 악을 어떻게 피할까? 악의 종류에 따라 다를 것이다. 근묵자흑(近墨者黑)이란 가르침이 있다. "까만 먹을 가까이하면 검어진다."는 말로 악에 애당초 가까이하지 말라는 가르침이다. 선과 가까이 지내고, 선행을 생활화 습관화하여, 악을 접할 시간이 없도록 노력함이 바람직하다.


### (10) 타인을 쉽게 판단하지 말라

남이 나에게 잘못을 하면, 우리는 화를 내거나 보복을 하기 쉽다. 그러나 이러한 보복은 급작한 결정에 의한 오판이 개입되기 쉽다. 달리 말하면, 잘못된 판단으로 나도 덩달아 잘못을 하기 쉽다. 화를 내는 일은 최소한 나에게 해를 끼친다. 불교에서는 3 독이라고 하여 탐욕, 성냄, 어리석음을 경계하고 있다. 보복은 대부분 어리석은 결정이 된다. 즉, 타인의 죄를 내가 벌하지 않음이 올바르다. 타인을 쉽게 판단하지 말라는 말은 용서하라는 말과 비슷하면서 동시에 남을 오판하는 잘못을 범하지 말라는 경계의 가르침이다. 남을 미워하지 말라. 원한은 많은 경우 오판에서 비롯된다.

인생은 플러스(+)다

## 1) 운명

"운명은 인생의 '초기 조건'에서 정해진다."는 이론이 운명론이다. 명리학의 사주팔자가 대표적으로 태어난 시에 의해 운명이 점지된다(정해진다)는 이론이다. 태어난 이후의 노력은 크게 운명을 변화시키지 못한다는 것이다. 노력이라는 변수조차도 태어날 때의 초기 조건에 의해 정해지는 양으로 변수가 아니라고 한다. 노력할 운과 노력을 게을리할 운이 태어날 때 이미 정해진다는 이론이 극단적 운명론이다.

그런데 이 이론이 틀린다는 사실은 최근의 수명의 변화에서 잘 확인할 수 있다. 옛날에는 60세만 넘으면 장수라고 보았는데, 요즈음의 현상은 90세는 넘어야 장수라고 할 수 있고 그러한 예가 많음을 잘 보여 주고 있다. 옛날 우리나라에는 호식(虎食) 운명, 즉 호랑이에게 잡아먹힐 운명이라는 말이 있었다. 물론 현대에는 자동차 사고 운명으로 해석해야 한다고 변명할 수 있을지는 모르겠지만, 아무튼 시대와 상황에 따라 운명은 변하는 것이지 정해진 것은 아닌 것이 확실하다.

결국, 운명 즉 개인의 미래는 초기 조건 즉 태어날 당시의 신체, 성격, 유전인자 및 부모의 능력 등 환경만이 결정하지 않고, 그 이후의 변수 즉 개인의 노력 및 환경의 변화에 의해 좌우된다고 말할 수 있다. 초기 조건과 변수의 영향 비율은 시대에 따라 변할 것이다. (시대의 의술의 발전에 따라 개인의 수명이 달라지는 사실 하나만 보아도 알 수 있다.) '초기 조건'이 많지만 변하지 않는 것은 생일(생년월일시)뿐이다. 중요한 것은 '변수'다.

'변수'는 크게 두 가지가 있다. 첫째, 시대 및 상황의 변화와 둘째, 자신의 변화 즉 자신의 노력이다.

운명도 어느 정도는 이해하고 받아들여야 한다. 왜냐하면, 태어날 때 성격, 능력, 환경 등 많은 초기 조건이 정해지고, 어려서 힘이 약할 때에는 바로 극복할 수 없을 것이기 때문이다. 또 시대와 상황은 나의 노력으로 크게 바꾸기 힘들기 때문이다. 운명을 받아들인다는 의미는 현 상황을 냉철하게 정확히 파악하고 이해한다는 의미이며, 현 상황을 나에게 유리하게 바꾸고 사회에도 도움이 될 수 있도록 더욱 노력하겠다는 각오이어야 한다.

## 2) 운

운은 운수와 비슷한 말로 행운과 악운을 뜻하며 행복과 불행과는 그 의미가 다르다. 운은 우리가 모르는 원인이 나에게 미치는 영향이라고 할 수 있다.

전혀 예측할 수 없거나 거의 예상하기 어려운 원인과 결과가 운이지만 대처하는 방법이 있다. 특히 결과는 대처하는 방법이 있다.

행운(호운)이 들어오면 감사하고 이웃에 베풀어야 한다. 그래야 호운이 또 올 확률이 높아지고, 내게 불운이 닥칠 때에 이웃의 도움을 받을 수도 있다.

불운(악운)에 대처하는 방법은 소위 '진인사대천명(盡人事待天命)'으로 미지의 미래에 대처할 일이다. 경제적으로는 보험을 이용할 수 있고 사회적으로는 상부상조를 생활화할 수도 있다. 건강할 때에 더 건강하도록 노력해야 하고, 시간이 있을 때에 미래에 더 대비해야 하고, 평소에 선행을 많이 하고 덕을 쌓는 일이 조상이 알려 준 불운에 대비하는 자세이다.

### 3) 점

점(占)에는 여러 종류가 있지만, 대체로 다음과 같은 세 종류로 구분할 수 있다.
- 통계론: 사주(명리학), 관상학, 골상학, 성명학, 별점(점성술), 토정비결, 손금, 꿈 해몽 등
- 예언론: 예언가, 무속인 등
- 심리론: 주역, 화투점, 카드점, 뽑기점 등
* 통계에 의한 점은 잘 연구하고 많은 경험이 있는 역술인이라야 50~60% 맞출 수 있다고 본다.
* 예언에 의한 점은 예언가에 따라(성령에 의한 바른 예언이냐, 악령에 의한 잘못된 예언이냐에 따라) 또 해석에 따라(보이는 환영을 해석하기에 따라) 천차만별의 확률(0~100%?)이라고 할 수 있다. 따라서 특히 조심하여 대할 일이다.
* 심리에 의한 예측의 대표적인 역술서가 주역이다. 주역이 유명한 이유는 주역의 역술서로서의 역할보다는 점괘 내용이 철학적이고 교훈적인 훌륭한 가르침이기 때문이다.
주역의 서문에는 다음과 같은 조건이 있었다고 한다.

① 점을 보기 전에 마음을 단정히 할 것.

② 꼭 필요한 점인지 재차 숙고하고, 타인에게 해가 되지 않는 내용일 것. (점괘를 함부로 보지 말 것)

③ 결과에 대하여 맞는다고 믿을 것. (점괘대로 행동하게 하여, 점괘가 맞고 올바른 행동을 유도하는 효과)

④ 한 건에 대해 한 번만 점괘를 뽑을 것.

* 점을 보는 것이 해로운 이유는 점괘의 정확성이 50~60%로 낮은 반면, 점에 의존하여 수동적으로(노력을 않으며) 변화에 대처하고, 점에 의존하는 일이 습관화될 수 있기 때문이다.

인생은 플러스(+)다

## 1) 감동은 무엇인가?

감동의 사전적 의미는 "깊고 강하게 느껴, 마음이 움직임."이다. 영어로
는 "Be moved(감동하다), Get emotional(감동받다)."이라고 한다.

상당한 즐거움, 기쁨, 행복이 감동과 비슷하게 느껴지지만, 현격히 다른
감정이다. 쾌락, 흥분과는 상당히 다르지만, 일부 종교에서 감동의 효과
를 얻기 위해 그런 것들을 사용하기도 한다.

감격은 감동과 비슷하지만, 조금 다르다. 감동이 내면적 감정이라면, 감
격은 외적 감정에 가깝다. 참고로 감격의 사전적 의미는 "마음속 깊이 느
껴 뭉클한 감정이 일어남."이다. 하지만 가슴이 벅차거나 뭉클한 것도 감
동의 일종이라고 할 수 있다. 즉, 감격도 감동의 일종이다.

진실하며 정의로운 감명이나, 정의의 슬픔이나 울음과 맑고 밝은 희열
은 감동의 일종이다.

## 2) 감동의 원천

감동을 느끼는 여러 예를 보면, 감동은 진리로부터 오며, 이는 인간의
제3 본능인 진리 추구의 본능에서 비롯됨을 알 수 있다. 또 감동은 영(靈)
과 상당한 관계가 있다고 생각된다.

### 3) 감동의 효과

감동받거나 감동하면(또는 극도의 행복을 느낄 때) 뇌에서 '다이돌핀 (didorphin)'이라는 호르몬이 분비된다고 한다. 다이돌핀은 진통 효과, 스트레스 해소, 면역력 증강 등의 다양한 생리 작용을 하는 호르몬이다.

따라서, 감동은 심폐 건강의 증진과 정상화를 도우며, 뇌 기능의 정상화와 안정에 크게 작용한다.

감동은 최고의 치료이며, 기적의 치유가 될 수 있다. 감동은 건강과 행복에 필요하다. 아니, 인생의 필수품이다. 자주, 많이, 클수록 좋다.

### 4) 감동의 문제점/감동 느끼기

감동은 쉽게, 자주 체험하기 어렵다는 단점이 있다. 또 감동은 오래가지 못하는 단점이 있다. 감동의 단점에 대한 대책을 알아보자. "아는 만큼 보인다."는 말이 있다. 감동도 "아는 만큼 감동한다."고 할 수 있다. 예를 들면, 좋은 고전 음악을 처음 들었을 때는 별로 감흥을 느끼지 못하지만, 자꾸 들으면 좋다는 것을 알게 되며 제대로 알면 감동하기도 한다. 꽃도 무심코 지나치면 좋은 줄을 모르지만, 유심히 좋은 감정을 가지고 대하면 꽃이 예쁘고 아름다움을 알게 되며 때때로 꽃 자체에 감동한다. 부언하면 감동도 일종의 학습과 반복적인 연습과 경험이나 노력으로 느낄 수 있다. 자주 많이 감동하고, 감동받도록 노력해야 한다. 왜냐하면 감동은 무척 대단히 좋은 감정이고 무척 상당히 효과가 있는 것이기 때문이다. 또 하루에 최소 한 번 감동받는 것을 일상의 목표로 해야 하지 않을까 제안한

인생은 플러스(+)다

다. 아니, 더 자주 감동받도록 노력해야 한다.

## 5) 우리를 감동시키는 것들

(1) 사람에 감동

성가 반주를 하는 피아니스트를 보면, 그의 순수한 봉사에 감동하게 된다.

(그런 사람들이 세상에는 수없이 많다.)

조그만 봉사 활동을 했는데, 기분이 무척 흐뭇하고 좋았다.

(이런 감정도 감동의 일종이다.)

노력의 효과가 나타나, 내 실력이나 능력이 현저히 좋아졌다.

열심히 배우고 익히는 자체가 감동이다.

사회와 정의를 위해 자신을 희생한 의인을 생각한다.

고생과 희생으로 가족을 살리는 평범하지만 훌륭한 사람들.

심성이 착한데 어려움을 겪는 천사들을 보면, 안쓰럽지만 그 노력에 감동한다.

국가 대표로 국위를 선양한 스포츠, 문화 위인들의 극적인 성공을 보면서.

성인의 선지적이고 뛰어난 깨달음에 놀란다.

오랜만에 좋은 친구나 의인을 보면 기쁘다.

어려운 상황에서도 열심히 살아가는 사람들을 보는 것도 감동이다.

끈질기고 의외로 강한 인간의 능력과 생명력은 감동이다.

의인을 도와주어 악인을 물리친 통쾌함.

푹신 자고 잠에서 깨어나 맞는 상쾌한 아침에 힘의 충만함을 느끼는 나 자신.

며칠을 굶어 정신이 혼미할 때, 사과 한입을 베어 먹으면 눈이 갑자기 맑아지고 깨끗해진다. 먹고 사는 일이 감동이다.

수시로 경쟁하고, 다투고, 싸우고, 갈등하면서도, 서로 돕고, 사랑하고, 협력하며 살아가는 인류가 자주 감명을 준다.

무한대의 우주와 영원의 시간을 깨닫는 인간의 당치 않은 능력.

나를 위해 기도해 주는 사람들이 의외로 많음에 감동한다.

잊었던, 포기했던 자식이 바로 서고 돌아오면 감동한다.

심한 병이 기적처럼 사라지면 감동한다.

그 외에도 많은 기적 같은 좋은 일은 감동 그 지체다.

하늘은 감동을 위해 고난과 기적을 만드는 것 같다.


## (2) 작품에 감동

가슴이 뭉클하는 시를 읽는다.

수많은 감동적인 소설, 수필, 이야기 등.

사람의 손으로 만들었을까 믿기 힘든 조각을 감상한다.

건축, 시설에도 드물게 감동이 있다.

감동적인 영화가 많다.

고전 음악, 현대 음악, 여러 장르의 음악에 감동이 있다.

(때때로 명곡은 눈물이 나도록 아름답고, 때로는 음악에 취해 황홀한 감동을 받는다.)

많은 그림, 훌륭한 예술 작품이 감명을 준다.

(파스텔화의 부드러움도 그중의 하나다.)

어떤 때는 내가 만든 내 작품에 감동한다.

너무 맛있어 천상의 음식이 아닌가 감동한다.

세계의 다양한 문화와 문명을 보고 느끼고 감동한다.

앞으로 더욱 발전하고 신기할 로봇, 인공지능(AI), 인간의 기술이 인류의 삶에 공헌할 것을 기대하며 감동을 받는다.


### (3) 자연에 감동

바위 틈바귀에서, 어렵게, 예쁜 꽃을 피운 야생화의 노력.

꽃의 아름다운 색과 자태와 향기에 쉽게 감동한다.

여름의 풍성함과 평화로움.

가을의 다채로운 색과 풍성한 결실에 감동한다.

아침에 일어나 보니, 온 세상이 눈으로 하얗게 포근하게 덮여 있다.

(이러한 일이 자연에는 얼마나 많은가?)

혹심한 추위를 이겨 내고, 이른 봄 새싹을 틔워 낸 야생초를 대한다.

생물의 아름다움, 기술, 신비로움.

새끼 새를 먹이고 보호하는 어미 새의 사랑, 동물의 모성애.

열심히 먹이 활동만 하던 오리가 또 가끔은 나는 연습을 즐긴다.

은혜를 갚는 동물들의 행동.

밤하늘에 반짝이는 무수한 별들이 내 가슴을 뭉클하게 한다.

하나의 별똥별이 포물선을 그리며 떨어지는 것을 보고도 감동한다.

맛있고 몸에 이로운 음식을 풍성하게 제공하는 대자연.

변화무쌍하고 활력으로 가득 찬 대자연은 보면 황홀하다.

대자연의 섭리를 보면서, 또 깨달으면서 감동한다.

우주의 신비로움과 완벽한 조화.


## ⑷ 진리를 보고 감동

모든 진리는 감동이다.

(자유, 정의, 자비=선=사랑, 평화, 아름다움, 변화/조화/창조, 겸손과 지혜 등)

새로운 진리를 알아냈다면 감동이다.

진정한 정의는 감동 그 자체이다.

평화로운 자유, 풍성한 자유는 감동 그 자체다.

모든 진정한 선(사랑), 아름다운 사랑은 감동이다.

모든 진정한 미(아름다움)는 감동이다.

겸손의 위대함과 겸손의 승리를 볼 때에 감동한다.

지혜의 작용과 효과를 보면 감동한다.

악이 선에 무릎 꿇거나 스스로 사라지는 일, 진리가 기적같이 이기는 일은 감동이다.

진리 추구의 시초는 호기심이고, 목표는 창조와 사랑이며, 결과는 감동이다.

그러면 당신들은 진리를 알게 될 것이고 진리는 당신들을 자유롭게 할 것이다.

친구들을 위하여 목숨을 내놓는 것보다 더 큰 사랑은 없다.

새로운 발견, 삶을 윤택하게 하는 발명은 감동이다.

좋은 문명이나 문화의 창조는 환희이며 감동의 원천이다.

진정한 슬픔은 감동의 일종이다.


인생은 플러스(+)다

정의를 위한 분노는 감동일 수 있다.

(우리가 무심코 지내는 많은 것들이 감동의 대상이다.)

부모의 보호 밑에 평화로운 아이들은 행복이고 감동의 대상이다.

어미의 보호하에 세상살이를 준비하는 새끼동물들의 평화도 감동이다.

청춘의 젊음과 활기찬 아름다움은 감동의 대상이다.

청춘의 활기찬 생명력과 움직임은 기쁨을 넘어 감동이다.

자식들이 잘 자라 주면 부모들은 행복 이상의 감동을 경험한다.

늙어 가면서도 소요유를 즐길 수 있다면 감동이다.

자연의 풍족함이나 평화나 포근함을 느낄 수 있으면 행복을 넘어 감동이다.

(감동할 일이 많다. 진리를 알고 감동할 준비가 되어 있으면.)

## 머리말

- 동네에서 저 사람 장기 잘 둔다고 하면 7급 정도의 실력이다.
- 그러면 당신들은 진리를 알게 될 것이고 진리는 당신들을 자유롭게 할 것입니다. (요한 8:32)
- 아는 만큼 보인다.

## 제1부 인생의 본질

- 금강산도 식후경
- 수염이 석 자라도 먹어야 양반
- 인간은 사회적 동물이다.
- 진리 추구의 시초는 호기심이지만, 종국은 창조일 것이다.
- 소요유(逍遙遊): 소풍 가듯, 놀듯, 유람하듯 (장자)

## 제2부 인생의 주체 (나는 누구인가?)

- 너 자신을 알라! (소크라테스)
- 지피지기면 백전불태(知彼知己 百戰不殆) (손자병법)
- 40대 이후의 내 얼굴은 내 책임이다.
- 천상천하유아독존(天上天下唯我獨尊) (석가모니)
- 하느님의 형상대로 사람을 창조하였다. (창세기 1:27)
- 세상의 모든 것은 변한다.

- 과유불급(過猶不及)

- 열 재주를 가진 사람이 한가지 재주를 가진 사람을 못 이긴다.

- 가장 강한 사람은 자신을 이기는 사람이고, 가장 현명한 사람은 항상 공부하는 사람이며, 가장 행복한 사람은 항상 감사하는 사람이다. (탈무드)

- 일체유심조(一切唯心造)

- 3덕: 믿음, 희망, 사랑 (그리스도교)

- 삼재(三災): 전쟁, 질병, 기근

- 내 마음 나도 모른다.

- 등잔 밑이 어둡다.

- 삼인행필유아사(三人行必有我師)

- 나라가 멸망할 때 나타나는 7가지 사회악 (간디)

1. 원칙 없는 정치

2. 노동 없는 부

3. 양심 없는 쾌락

4. 인격 없는 교육

5. 도덕 없는 상업

6. 인간성 없는 과학

7. 희생 없는 종교

- 열 길 물속은 알아도, 한 길 사람의 속은 모른다.


## 제3부 인생의 환경 1 (사회)

- 남자는 집안에만 있으면 안 된다.

- 지덕체(智德體)

- 신언서판(身言書判)

- 깨어 있어라!

- 절이 싫으면, 중이 절을 떠난다.

- 현자는 나설 때와 물러설 때를 안다.

- SWOT 분석: 강점(strength), 약점(weakness), 기회(opportunity), 위
  협(threat) 분석

- Give and Take


## 제4부 인생의 환경 2 (자연)

- Look into Nature, and then you will understand everything better. (자
  연을 깊이 바라보라. 그러면 모든 것을 더 잘 이해할 수 있을 것이다.)
  (알버트 아인슈타인)

- 己所不欲 勿施於人(기소불욕 물시어인): 내가 원하지 않는 바를 남에
  게 행하지 말라. (논어 안연편)

- 원수를 사랑하여라. (루카 6:27)

- 일흔일곱 번까지라도 용서해야 한다. (마태오 18:22)


## 제5부 인생의 목적/목표

- 끝이 좋으면 다 좋다.

- 5복: 수=장수, 부=부유, 강녕=건강, 유호덕=덕을 베풂, 고종명=편안한
  죽음

- 친구들을 위하여 목숨을 내놓는 것보다 더 큰 사랑은 없다. (요한 15:13)

- 직업은 남이 좋아하는 일을 하는 것이고, 취미는 내가 좋아하는 일을 하는 것이다.
- 「吾十有五而志于學, 三十而立, 四十而不惑, 五十而知天命, 六十而耳順, 七十而從心所欲, 不踰矩(오십유오이지우학, 삼십이립, 사십이불혹, 오십이지천명, 육십이이순, 칠십이종심소욕, 불유구).」(논어 위정편)
- Boys, be ambitious(소년들이여, 야망을 가져라)!
- B-Plan(대안 계획)

## 제6부 인생의 문제 (불행)

- 생로병사
- 고집멸도(苦集滅道): 고통(불행)은 집착에서 오며, 집착을 없애고 도를 깨우치면, 고통을 없애고 행복할 수 있다.
- 억울한 불운이 있기도 하지만, 노력 없는 행운도 있다.
- 불행은 행복의 디딤돌
- 무료는 불행의 한 종류다.
- 날벼락과 억울함
- 7죄종: 탐욕(貪慾), 분노(忿怒), 나태(懶怠), 음욕(淫慾), 교만(驕慢), 인색(吝嗇), 질투(嫉妬)
- 3독: 탐욕, 무지, 성냄 (불교)
- 남자는 얼굴에 땀을 흘려야 양식을 먹을 수 있으리라. 여자는 임신하여 커다란 고통을 겪고 괴로움 속에서 자식들을 낳으리라. (창세기)
- 20% 법칙
- 다리에 도달하기 전에 다리가 무너질 걱정을 하지 말라.

- 확실하지 않으면 내게 유리한 쪽으로 해석하라.
- 남을 심판하지 마라. 그러면 너희도 심판받지 않을 것이다. 남을 단죄하지 마라. 그러면 너희도 단죄받지 않을 것이다. 용서하여라. 그러면 너희도 용서받을 것이다. (루카 6:37)
- 새옹지마
- Amor Fati(아모르 파티): 운명을 사랑하라.
- 하늘이 무너져도 솟아날 구멍이 있다.
- 호랑이에게 물려가도 정신을 똑바로 차려야 한다.

## 제7부 인생의 즐거움 (행복)

- 배우고 때에 맞게 그것을 익히면 또한 기쁘지 않겠는가? 벗이 먼 곳에서부터 온다면 또한 즐겁지 않겠는가? 남이 알아주지 않더라도 화를 내지 않는다면 또한 군자가 아니겠는가?(學而時習之 不亦說乎, 有朋自遠方來 不亦樂乎, 人不知而不慍 不亦君子乎(학이시습지 불역열호, 유붕자원방래 불역락호, 인부지이불온 불역군자호)) (논어 학이편)
- 우러러 하늘에 부끄럽지 않고 굽어보아 사람들에게 부끄럽지 않은 것이 두 번째 즐거움이다(仰不愧於天 俯不怍於人 二樂也(앙불괴어천 부부작어인 이락야)) (맹자)
- 감사와 행복은 동전의 양면
- 참행복(眞福八端) (마태 5:3-12) (루카 6:20-23)
- 4 무량심(無量心): 자(慈), 비(悲), 희(喜), 사(捨) (불교)
자: 중생에게 즐거움을 주려는 마음
비: 중생의 고통을 없애려는 마음

인생은 플러스(+)다

희: 중생이 즐거워하는 것을 보고 즐거워하는 마음

사: 중생에 대해 원수와 친한 사람을 구분하지 않고 평등하게 대하는
　마음

- 죽음 앞의 백만금

- 천하의 영재를 얻어 교육하는 것이 큰 즐거움이다. (맹자)

- 得天下英才而敎育之 三樂也(득천하영재이교육지 삼락야)

- 배우기만 하고 생각하지 않으면 어두워진다. (공자 위정편)

- 복권 구입은 확률을 모르는 사람이 내는 세금이다.

- 누군가 나를 위해 기도한다.

- 역경이 사람을 만든다(Adversity is a training for man).

- 광에서 인심 난다.

- 미운 자식 떡 하나 더 준다.

- 인생은 가까이서 보면 비극이지만, 멀리서 보면 희극이다.


**제8부 인생 문제에 대응**

- 문제를 정확히 파악하고 있으면, 문제의 반은 해결한 것이다.

- 각주구검(刻舟求劍)

- 병은 소문을 내라.

- 병을 고치려면 자신이 반의사가 되어야 한다.

- 유비무환(有備無患)

- 나는 할 수 있다(Yes, I Can Do).

- 하늘은 스스로 돕는 자를 돕는다.

- 전력투구(全力投球)

- 2차 사고를 조심하라.

- 세상에서 제일 무서운 것이 습관이다.

- 그러므로 내일을 걱정하지 마라. 내일 걱정은 내일이 할 것이다. 그날
  고생은 그날로 충분하다. (마태오 6:34)

- 청하여라, 너희에게 주실 것이다. 찾아라, 너희가 얻을 것이다. 문을
  두드려라, 너희에게 열릴 것이다. (마태오 7:7)


## 제9부 인생의 길 (어떻게 살 것인가?)

- 진인사대천명(盡人事待天命)

- Plan-Do-See

- 굼벵이도 구르는 재주가 있다.

- 천재는 99%의 땀과 1%의 영감으로 이루어진다.

- 재주가 노력을 이기지 못하고, 노력이 즐김을 이기지 못한다.

- 과거 낭인

- 소인은 한가하면 못된 일을 한다(小人閒居 爲不善: 소인한거 위불선)
  (공자)

- 건강에 좋은 생활이 바른 생활이고, 바른 생활이 건강에 좋다.

- 건강한 신체에 건강한 정신

- 습관은 제2의 천성이다.

- 작은 습관이 건강을 좌우한다.

- 잠이 보약이다.

- 건강의 최대 적은 근심·걱정·분노이고, 건강의 최대 우군은 감동·기
  쁨·감사다.

- 건강은 건강할 때 지켜라!

- 몸에서 보내는 신호에 귀를 기울여라.

- 건강에 가장 좋은 것은 감동이고, 감동의 대상이며 원천은 진리다.

- 사람은 고쳐 쓰는 것이 아니다.

- 열 길 물 속은 알아도, 한 길 사람 속은 모른다.

- 그 사람을 알려면, 그의 친구를 보라.

- 인의예지신(仁義禮智信): 인자함, 의로움, 예의, 지혜, 신뢰를 뜻함.

- 이목구비(耳目口鼻): 귀, 눈, 입, 코를 의미하며 얼굴 생김을 말함.

- 근묵자흑(近墨者黑)

- 꿈은 이루어진다.

- 너희는 가진 것을 팔아 자선을 베풀어라. 너희 자신을 위하여 해지지 않는 돈주머니와 축나지 않는 보물을 하늘에 마련하여라. 거기에는 도둑이 다가가지도 못하고 좀이 쏠지도 못한다. (루카 12:33)

- 100리를 가는 사람을 90리를 반으로 친다.

- Memento Mori(메멘토 모리): 죽음을 기억하라.

- Carpe Diem(까르페 디엠): 오늘을 잡아라. 오늘 최선을 다하라.

- 천국이 있지만, 없다고 생각하고 살아라.

- 천국과 지옥이 있는지 없는지 잘 모르지만, 현세의 정의를 위해서 천국과 지옥이 있으면 좋겠다. (괴테)

- 우리가 알아야 할 것은 유치원에서 이미 다 배웠다.

- 이타주의의 궁극은 이기주의와 통한다.

- 분노는 불덩어리를 남에게 던지는 것과 같다. 내 손이 먼저 화상을 입는다. (석가모니)

- 화목을 키우면 꽃을 보아서 좋고 열매를 얻어서 좋다.

- 인생은 내일을 모른다.

- 반면교사(反面敎師)

- 세 사람이 길을 가면 반드시 나의 스승이 있다. 선한 것을 택하여 따르고 불선한 것으로 나 자신을 고친다(三人行, 必有我師焉. 擇其善者而從之, 其不善者而改之: 삼인행, 필유아사언. 택기선자이종지, 기불선자이개지) (논어 술이편 7-21)

- 과공비례(過恭非禮): 너무 공손함은 예의가 아니다.

- 과손비례(過遜非禮): 너무 겸손함은 예의가 아니다.

- 어려우면 기본으로 돌아가라.

- 실패는 성공의 어머니다.

- 실패는 자산이다.

- 인생의 최고 스승은 실연, 가난, 실패다.

- 이솝 이야기(아버지와 아들과 당나귀)

- 남의 떡이 커 보인다.

- 부러워하면 지는 거다.

- 이솝 이야기(토끼와 개구리)


## 부록

- 아무것도 하지 않으면, 아무 일도 일어나지 않는다.

- 사람은 생각하는 동물이다.

- 정직이 최선의 방책이다.

- 여자가 한을 품으면 오뉴월에도 서리가 내린다.

인생은 플러스(+)다

- Don't worry. Be happy.

- 아는 만큼 감동한다.

# 인생은 플러스(+)다

ⓒ 이광수, 2026

초판 1쇄 발행 2026년 4월 13일

지은이      이광수
펴낸이      이기봉
편집        좋은땅 편집팀
펴낸곳      도서출판 좋은땅
주소        서울특별시 마포구 양화로12길 26 지월드빌딩 (서교동 395-7)
전화        02)374-8616~7
팩스        02)374-8614
이메일      gworldbook@naver.com
홈페이지    www.g-world.co.kr

ISBN   979-11-388-5856-4 (03190)